CUESTIONARIO DE MANEJO DE ESTRÉS (CME)

EL CME

Con qué frecuencia usted (Circule el número)...

		MUY RARA VEZ				MUY FRECUENTEMETE
21.	¿Se mueve, camina, o come rápidamente?	1	2	3	4	5
22.	¿Tiene las palmas húmedas, pies o axilas?	1	2	3	4	5
23.	¿Tiene muy poco tiempo para relajarse y soltar?	1	2	3	4	5
24.	¿Se siente entusiasmado?	1	2	3	4	5
25.	¿Trabaja en exceso las tareas para asegurarse que estén perfectas?	1	2	3	4	5
26.	¿Se molesta cuando se hace una broma acerca de usted?	1	2	3	4	5
27.	¿Se siente infeliz?	1	2	3	4	5
28.	¿Demuestra que usted es un perfeccionista en lo que hace?	1	2	3	4	5
29.	¿Transpira en exceso?	1	2	3	4	5
30.	¿Encuentra difícil disminuir su ritmo de actividadis?	1	2	3	4	5
31.	¿Se siente pesimista?	1	2	3	4	5
32.	¿Apura el habla de otros diciendo cosas tales como: "ajá" o "si, si, si"?	1	2	3	4	5
33.	¿Deja de delegar porque cree que puede hacerlo mejor que otros?	1	2	3	4	5
34.	¿Se siente desanimado?	1	2	3	4	5
35.	¿Habla de gente que lo decepciona?	1	2	3	4	5
36.	¿Encuentre que tiene dificultad para encontrar cosas como el papel, la carpetas, herramientas?	1	2	3	4	5
37.	¿Tiene dificultad para dormirse o permanecer dormido?	1	2	3	4	5
38.	¿Se siente despreciado?	1	2	3	4	5
39.	¿Tiene frías las manos o los pies?	1	2	3	4	5
40.	¿Habla rápidamente?	1	2	3	4	5
41.	¿Se siente frustrado por los comportamientos de otros (ej. Irritarse por su avance detrás de un conductor lento o en una fila de clientes esperando a ser servidos)?	1	2	3	4	5

© 2014. James C. Petersen, Ph.D. All rights reserved.

EV – EVENTOS DE LA VIDA

Checar cada una de las siguientes situaciones que le ha sucedido durante los pasados doce (12) meses.

42. Muerte de un cónyuge o un ser querido	100 pts
43. Divorcio o separación matrimonial	85 pts
44. Arresto o termino de encarcelamiento	80 pts
45. Muerte de un miembro de la familia o un amigo cercano	75 pts
46. Lesión o enfermedad de usted	70 pts
47. Conflictos principales conyugales o familiares	70 pts
48. Perdida de un empleo o desempleo (dejar o despedido)	65 pts
49. Jubilación	60 pts
50. Lesiones mayores o enfermedad de un miembro de la familia	50 pts
51. Embarazo o adición de miembro de familia	50 pts
52. Perdida o dificultad financiera	50 pts
53. Víctima de un delito	45 pts
54. Cambio de residencia	40 pts
55. Involucrado en una demanda judicial	40 pts
56. Acoso Sexual	40 pts

Calcule el total de los puntos e ingrese aquí el resultado.   EV = ☐

MO – MOLESTIAS

Checar cada una de las siguientes situaciones que le ha sucedido durante los pasados tres (3) meses.

57. Reto de una nueva carrera (reingreso de carrera)
58. Preocupación acerca de su peso/salud
59. No hay suficiente dinero para conceptos básicos
60. No descansa o duerme suficientemente
61. Conflictos con su cónyuge o amigo cercano
62. Dificultades con los empleados o amigos
63. Dificultades con el jefe o supervisor
64. Dificultades balanceando vida y trabajo
65. Preocupado por cumplir altos niveles
66. Problemas llevándose bien con sus compañeros de trabajo
67. No hay suficiente dinero para actividades sociales
68. Cosas perdidas o extraviadas
69. Se siente solo
70. Demasiadas responsabilidades
71. Problemas con los niños
72. Ser madre soltera o padre soltero
73. Reparaciones en el hogar
74. Cuidado de los padres ancianos
75. Alvasos en tráfico pesado
76. Personas que le hacen la vida difícil
77. Reparaciones de automóviles
78. Tiempo perdido

Calcule el total de los puntos e ingrese aquí el resultado.   MO =

CUESTIONARIO DE MANEJO DE ESTRÉS (CME)

SOBRE EL CME

DESCRIPCIÓN DE CME

- **Tomando el CME**
  En esta sección, usted va a contestar 87 preguntas basadas en investigación de cómo afecta el estrés.

- **Puntuación de CME**
  Luego, usted calificará el CME y, si lo tiene disponible, su Compañero de CME.

- **Crear un Perfil de Estrés**
  En esta sección usted representará gráficamente y verá su puntuación en las 11 escalas de "riesgo" de estrés.

- **Utilizando la Guía**
  En base a su puntaje de "riesgo", usted recibiré con la Guía de Dominio de Estrés para ayudarle en la interpretación de sus resultados.

- **Acordando el Cambio**
  Para ayudarle a hacer cambios personales, usted recibiré un Contrato para el Cambio que le permitirá realizar un compromiso personal para convertirse resiiliente el estrés.

- **Búsqueda de Recursos**
  Por último, usted recibiré una lista de recursos para utilizar según sea necesario para permanecer en el comine de lo imqeólrie del estrés.

Bienvenidos al **Cuestionario de Manejo de Estrés (CME)**. Durante los ultimos 30 años, por medio de la investigación y el uso de entrenadores, consultores y profesionales de salud a nivel global , el CME se ha convertido en una de las pocas herramientas validas y efectivas de autoevaluación y educación de estrés, ofrecidas en la actualidad.

¡El CME no es una prueba! El CME es una herramienta de evaluación de estrés personal diseñada para proporcionarle una sólida información basada en la evidencia acerca de usted y de cómo el estrés podría afectarle en esta etapa de su vida. El CME puede utilizarse como su programa de superación personal o como parte de un programa más amplio de manejo de estrés.

CÓMO TOMAR EL CME

Para tomar el CME, simplemente responda las 87 preguntas tan honestamente como sea posible. Recuerde usted está tomando esta prueba para aprender sobre usted, ¡honestidad es la mejor politics! Después de haber completado el CME, se sumará su puntuación de cada una de las 11 escalas de estrés de "riesgo". Entonces, se realizará un perfil con los resultados en una gráfica sencilla de comprender para comparar su puntuación en cada escala a nuestro grupo normativo. Se proporcionará un nivel de "riesgo" por escala para su consideración.

LA GUÍA DE DOMINIO DE ESTRÉS

Una vez tenga su puntuación y conozca su nivel de "riesg-o" de estrés, usted será proporcionado con la Guía de Dominio de Estrés. Esta lo ayudará a comprender el significado de cada escala junto con QUÉ SABER y QUÉ HACER si tuvo puntuación alta en cualquiera de las escalas.

La Guía de Dominio de Estrés proporciona información que ha demostrado ser eficaz, herramientas y técnicas para ayudarle a controlar su propio estrés personal.

CME, quizás con el apaxo profesional, participación en un programa de manejo de estrés o guiados por profesionales de la salud, usted estará mejor equipado para mejorar su manera de responder a factores estresantes de la vida y ¡vivir una vida de resiliencie y dominio de estrés!

"Inclinase a prosperar, no sólo a sobrevivir, en un mundo de estrés"

*Máster de Estrés*ˢᴹ
Stressmaster

© 2014. James C. Petersen, Ph.D. All rights reserved.

EL CME

Por favor, conteste las siguientes preguntas sobre usted en relacion a los últimós meses.

Con qué frecuencia usted (Circule el número)...

		MUY RARA VEZ				MUY FRECUENTEMETE
1.	¿Es impaciente cuando realiza actos repetitivos (ej., llenando recibos de depósito bancario, escribiendo cheques, lavando platos, etc.)?	1	2	3	4	5
2.	¿Se enfoca en la incompetencia de los demás cuando se interponen en su camino?	1	2	3	4	5
3.	¿Observa que usted tiene un pulso rápido?	1	2	3	4	5
4.	¿No cumple con lo que se propone?	1	2	3	4	5
5.	¿Tiene asma o alergias?	1	2	3	4	5
6.	¿Insiste en que sus subordinados o aquellos que le rodean no cometan errores?	1	2	3	4	5
7.	¿Rara vez toma tiempo para hacer algo que realmente disfruta?	1	2	3	4	5
8.	¿Tiene indigestión?	1	2	3	4	5
9.	¿Se siente impaciente con la velocidad de los eventos que llevarán a cabo?	1	2	3	4	5
10.	¿Se siente triste?	1	2	3	4	5
11.	¿Toma descansos rápidos, cortos, o no toma descansos durante el día?	1	2	3	4	5
12.	¿Tiene dificultad para respirar?	1	2	3	4	5
13.	¿Piensa a menudo de cómo salirse de su trabajo o situación actual de vida?	1	2	3	4	5
14.	¿Tiene dolores de cabeza?	1	2	3	4	5
15.	¿Toma más tiempo de que de costumbre para hacer las cosas?	1	2	3	4	5
16.	¿Tiene estreñimiento/diarrea?	1	2	3	4	5
17.	¿Se irrita con los errores de los demás?	1	2	3	4	5
18.	¿En una situación competitiva tiende a disgustarse o enojarse si no es el mejor?	1	2	3	4	5
19.	¿Evita las tareas y responsabilidades?	1	2	3	4	5
20.	¿Piensa que lo que hace es bastante inútil?	1	2	3	4	5

VT – VIDA/SATISFACCIÓN DE TRABAJO

Qué tan satisfecho está usted con su*...

	MUY SATISFECHO				MUY INSATISFECHO
79. ¿Elección de carrera?	1	2	3	4	5
80. ¿Elección de trabajo? 80.	1	2	3	4	5
81. ¿Colegas?	1	2	3	4	5
82. ¿Nivel de ingresos?	1	2	3	4	5
83. ¿Supervisor inmediato?**	1	2	3	4	5
84. ¿Cantidad de trabajo?	1	2	3	4	5
85. 85. ¿Oportunidades de avance?	1	2	3	4	5
86. ¿Relaciones personales?	1	2	3	4	5
87. ¿Nivel de ejercicio/aptitud personal?	1	2	3	4	5

Calcule el total de los números marcador, e ingrese aquí el resultado. VY =

* Si usted es una ama de casa, responda en términos de su trabajo/carrera como ama de casa, madre, padre, etc.

** Si usted no reporta a nadie más que a usted mismo, responda en términos de su nivel de satisfacción con su "autogestión" en su vida personal o actividades de trabajo.

CUESTIONARIO DE MANEJO DE ESTRÉS (CME)

PUNTUACIÓN DE CME

PUNTUACIÓN DE SU CME – Formulario de Participante

Para cada escala abajo, escriba su respuestas (1,2,3,4 ó 5) de las preguntas 1-41 (p. 2-3) en la línea proporcionada. Agregue los números y ponga el total en la caja de puntuación a la derecha. Esta es su puntuación para cada escala.

CME ESCALA						SU PUNTUACIÓN
HO	PREGUNTA # 1	2	9	18	41	
PE	PREGUNTA # 6	17	25	28	33	
TI	PREGUNTA # 21	32	40			
DE	PREGUNTA # 13	34	35	38		
AG	PREGUNTA # 10	24	26	27	31	
BL	PREGUNTA # 4	15	19	20	36	
TE	PREGUNTA # 7	11	23	30		
EF	PREGUNTA # 3	5	8	12	14	Continúe en la siguiente línea
	PREGUNTA # 16	22	29	37	39	

VT Para la escala VT – Vida/Satisfacción de Trabajo, escriba el total de la página 5.

EV Para la escala EV – Eventos de la Vida, escriba el total de la página 4.
For the HA - HASSLES SCALE, enter the total from page 4.

MO Para la escala MO – Molestias, escriba el total de la página 4.

www.STRESSMASTMER.com

PUNTUACIÓN DE CME

CUESTIONARIO DE MANEJO DE ESTRÉS (CME)

Puntuación DE SME – Formulario de Compañero

Como con la puntuación de su CME, siga el mismo procedimiento con el Formulario de Compañero para los datos. Nota: si su compañero ha seleccionado No Sé, escriba la puntuación que dio para esa pregunta en su CME. Si usted no tiene el Formulario de Compañero completado, usted puede saltar esta sección. Si más tarde obtiene completar el Formulario de Compañero, simplemente llene esta sección cuando usted tenga tiempo.

CME ESCALA						SU PUNTUACIÓN
HO	PREGUNTA # 1	2	9	18	41	
PE	PREGUNTA # 6	17	25	28	33	
TI	PREGUNTA # 21	32	40			
DE	PREGUNTA # 13	34	35	38		
AG	PREGUNTA # 10	24	26	27	31	
BL	PREGUNTA # 4	15	19	20	36	
TE	PREGUNTA # 7	11	23	30		
EF	PREGUNTA # 3	5	8	12	14	Continúe en la siguiente línea
	PREGUNTA # 16	22	29	37	39	

VT Para la escala VT – Vida/Satisfacción de Trabajo, escriba el total de la página del Cuestionario de Compañero.

EV Para la escala EV – Eventos de la Vida, escriba el total de la página 3 del Cuestionario de Compañero.

MO Para la escala MO – Molestias, escriba el total de la página 3 del Cuestionario de Compañero.

© 2014. James C. Petersen, Ph.D. All rights reserved.

CUESTIONARIO DE MANEJO DE ESTRÉS (CME)

SU PERFIL DE RIESGO DE ESTRÉS

INSTRUCCIONES

Transfiera la puntuación de su CME (página 6) y su Compañero CME (página 7, si está disponible) en los cuadros siguientes. En la gráfica I ponga un **punto (.)** en la línea correspondiente a cada uno de su puntuación de la escala. Luego, ponga otro **punto (.)** en la línea correspondiente a cada uno de las puntuaciones de compañero. Dibuje líneas entre los puntos en cada escala para mostrar su perfil. Haga esto para la puntuación de usted y su compañero. Use plumas de diferentes colores para mostrar la diferencia entre su punto de vista y el punto de vista de su compañero.

Coloque sus puntuaciones y las puntuaciones de su compañero en los cuadros de abajo…

	HO	PE	TI	DE	AG	BL	TE
SU CME	☐	☐	☐	☐	☐	☐	☐
COMPAÑERO CME	☐	☐	☐	☐	☐	☐	☐

GRÁFICA I

7 SEÑALES DE ADVERTENCIA DE ESTRÉS — RIESGO NIVEL

T-Scores escala (HO, PE, TI, DE, AG, UA, TE):

- 80
- 75: AG 25, UA 25, TE 20
- 70: HO 25, PE 25, TI 15, DE 20
- 65: PE 20, DE 16, UA 20
- 60: HO 20, TI 12, AG 20, TE 16

ALTO

- 55: DE 12, UA 15
- 50: HO 15, PE 15, TI 9
- 45: DE 8, AG 15, UA 10, TE 12

MEDIO

- 40: PE 10, TI 6
- 35: HO 10, DE 4, UA 5
- 30: PE 5, TI 3, AG 10, TE 8
- 25: HO 5
- 20: AG 5, TE 4

BAJO

www.STRESSMASTMER.com

SU PERFIL DE RIESGO DE ESTRÉS

CUESTIONARIO DE MANEJO DE ESTRÉS (CME)

CONTINUAR CON EL PROCESO PARA LA GRÁFICA II Y GRÁFICA III

Como lo hizo para la Gráfica I, transfiera la puntuación de las escalas siguientes en los cuadros y parcele los resultados en la línea adecuada para cada escala. Si no tiene sus datos del Formulario de Compañero, entonces sólo coloque sus puntuaciones en los cuadros de abajo en este momento. Puede volver más tarde y agregar las puntuaciones del compañero cuando estén disponibles.

Coloque sus puntuaciones y las puntuaciones de su compañero en los cuadros de abajo…

	EF	VT	EV	HA
SU CME	☐	☐	☐	☐
COMPAÑERO CME	☐	☐	☐	☐

GRÁFICA II — EFECTOS DEL ESTRÉS (EF, VT)

GRÁFICA III — ESTRESANTES (EV, HA)

RIESGO NIVEL: ALTO / MEDIO / BAJO

T-Scores: 20–80

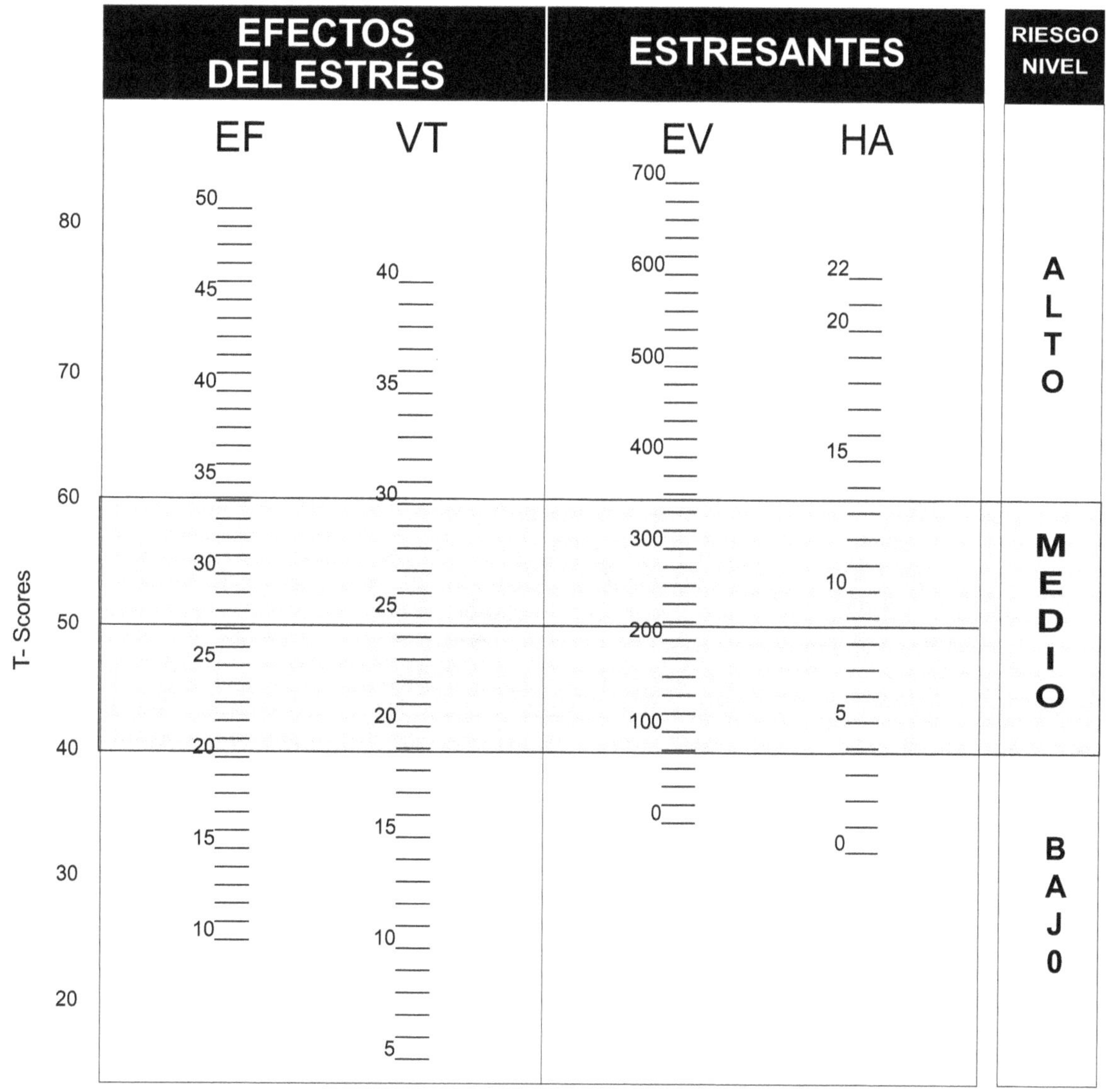

© 2014. James C. Petersen, Ph.D. All rights reserved.

GUÍA DE DOMINIO DE ESTRÉS

La Guía de Dominio de Estrés e ayudará a entender los resultados de su evaluación CME facilitando información sobre los medios de cada escala, junto con sugerencias específicas en Qué Saber si su puntaje es alto en una escala dada. Tenga en mente que ningún cuestionario o evaluación por si mismo puede dar una visión competa de lo bien que está manejado el estrés en su vida. El CME es un enfoque que muchos han encontrado útil para el aprendizaje de nuevas formas de crear una vida más resistente de estrés. Use el sentido común y la consideración de sus resultados y luego haga su propia determinación en cuanto al "riesgo" asociado con una puntuación alta de la escala dada. Si le parece que hay un reto relacionado con estrés o problema en su vida, independiente de esta evaluación, entonces le corresponde a usted a tomar medidas para resolver o mejorarlo.

¡Para cada escala, la Guía también proporciona una sección de ¿Qué hacer?, que detalla enfoques efectivos comprobados y técnicas acerca de cómo ser más resistentes al estrés! Para cada escala, estos consejos basados en la evidencia y sugerencias se ofrecen para su consideración y aprobación.

Descargo de responsabilidad:
No hay sustituto para la ayuda profesional cuando el estrés es excesivo y cuando se siente desesperado. Esta guía no pretende sustituir la buena calidad médica y la asistencia psicológica. ¡Si necesita ayuda, solicítela hoy!

LAS ESCALAS DE EL CME

El CME tiene dos funciones principales. Primero, el CME es una herramienta de auto evaluación personal que puede ayudarle a identificar y comprender qué tan bien está controlando actualmente el estrés. Segundo, el CME proporciona información sobre la teoría del estrés, la naturaleza del estrés y cómo el estrés puede afectar la calidad de su vida y su salud – tanto positiva como negativamente. En esencia, el CME es una herramienta de educación y de auto mejoría que puede usar para vencer su estrés. El CME se compone de 11 escalas en tres (3) categorías diferentes de estrés; éstana son:

I ADVERTENCIA A ESTRÉS SIGNO DE ESCALAS

Las 7 escalas que componen las Escalas de Señales de Advertencia de Estrés son el resultado de un exhaustivo estudio de validación en 1980 realizado por Dr. James Petersen y sus colegas a través de una subvención del Instituto Nacional para la Seguridad y Salud Ocupacional (NIOSH); estos son::

1. **Hostilidad/Enojo (HO)**
2. **Perfeccionismo (PE)**
3. **Tiempo de Urgencia (TI)**
4. **Decepción (DE)**
5. **Agotamiento (AG)**
6. **Bajo Logro (BL)**
7. **Tensión (TE)**

II ESCALAS DE EFECTOS DE ESTRÉS

Las Escalas de Efectos de Estrés muestra cómo el estrés tal vez le esté afectando, tanto a nivel físico como emocional. Cuanto más nos damos cuenta de cómo el estrés tiene un impacto en nuestras vidas y nuestro cuerpo, somos más capaces de aprender nuevas formas para prevenir o reducir el estrés cuando ocurre. Las dos escalas son:

1. **Efectos de Estrés Físico**
2. **Satisfacción de Vida/ Trabajo**

III ESCALAS ESTRESANTES

Las Escalas Estresantes reflejan los dos principales tipos de factores del estrés que se sabe que son una causa o el desencadenante de la repuesta al estrés. Aprendiendo la diferencia entre estos dos conceptos puede hacer una gran diferencia en cómo usted domina el estrés.

Las dos escalas son:

1. **Eventos de la Vida**
2. **Molestias**

GUÍA DE DOMINIO DE ESTRÉS

SIGNIFICADO DE PUNTAJE DE "RIESGO"

Cada escala de CME permite entrever un aspecto importante del estrés y cómo le puede estar afectando a usted. "Nivel de Riesgo" se relaciona al "riesgo" de tener o desarrollar estrés específico relacionado con el físico, comportamiento o problemas emocionales.

Basado en sus respuestas a las 87 preguntas del CME, usted fue colocado en un área de "Riesgo" Alta, Media, o Baja para cada una de las escalas. Las investigaciones muestran que las puntuaciones altas en una o más de las Siete Escalas de Señales de Peligro de Estrés se asocian con un aumento de problemas físicos tales como: dolores de cabeza, enfermedad cardiovascular, trastornos intestinales, o problemas emocionales como tensión o agotamiento excesivo.

Un puntaje alto en cualquiera de las escalas del CME es una advertencia para mirar más de cerca y determinar lo que puede hacer para reducir o cambiar su nivel de estrés. Un puntaje alto en más de una de las Siete Escalas de Señales de Advertencia de Estrés lo pone en mayor riesgo para desarrollar problemas relacionados de estrés.

Un puntaje medio en cualquiera de las escalas del CME lo coloca a usted en una situación de límite. Compruebe para ver si el estrés se está convirtiendo en un problema para usted ahora. Determine si usted podría hacer más para mejorar sus respuestas a las presiones de la vida. Si usted tiene una actitud positiva, se siente en control de su vida y tiene unos pocos problemas de salud, es probable que tenga poco "riesgo". Sin embargo, si usted siente que las cosas en su vida o trabajo no están mejorando, experimenta más estrés de lo normal, o no se siente en control de situaciones importantes, entonces empiece aplicar algunas de las técnicas compartidas en la Guía de Dominio de Estrés.

Si su puntaje de cae en la zona de bajo riesgo, mantenga el buen trabajo. Sin embargo, siempre este en guardia para la intrusión de los factores de estrés en su vida o un deterioro de lo bien qué están dominando los factores del estrés.

Independiente de sus puntuaciones, si usted está en dolor agudo o siente qué la vida no tiene remedio, busque a un profesional competente de salud mental inmediatamente. Vea la sección de recursos al final de esta guía.

ACERA EL DOMINIO DE ESTRÉS

La mayoría de los programas de manejo de estrés anima a la gente que maneje, sobrelleve o sólo lidie con el estrés. En 1980, Dr. James Petersen, fundador de Dominio de Estrés, acuñó el término Dominio de Estrés para comunicar una nueva manera de mirar el estrés y cómo respondemos a él.

Dominio de Estrés es un concepto dinámico que anima la gente a centrarse en tomar medias y responsabilidad personal por su respuesta al los factores de estrés en términos de lo que dicen, hacen, y lo más importante, su pensamiento.

El concepto básico detrás el Dominio de Estrés se basa en el principio de que somos responsables de la creación de nuestro bienestar emocional, verbal y reacciones conductuales a la vida de estrés.

Dominio de Estrés toma cargo y el control de la forma en que perciben y responden a los factores de estrés, independientemente de la cantidad, tipo o la intensidad.

Esperamos que el objetivo de aprender cómo llegar a ser más resistentes al estrés sea aquel que aspire y logre. Las ideas y conceptos contenidos en esta Guía son fundamentalmente principios sanos obtenidos de años de práctica clínica, investigación y asesoramiento. ¡Cuando se aplica a su vida creemos que será capaz de crear equilibrio y armonía; el resultado será una mejoría de la calidad de vida y resistencia de estré, e incluso, una mejor salud!

Regardless of your scores, if you are in acute distress or feel that life is hopeless, seek out a competent mental health professional immediately. See the resource section at the end of this guide.

ÁREA I:
SIETE SEÑALES DE ADVERTENCIA DE ESTRÉS

¿Cómo le fué con el CME? Coloque una (X) en el espacio de abajo que le corresponde a su puntaje de "Riesgo" en el CME. El CME le ayudará a identificar sus señales de "advertencia" y a descubrir nuevas y más efectivas formas para dominar el estrés.

Las 7 escalas que conforman las Señales de Advertencia de Estrés son:

	BAJO	MEDIO	ALTO
1. Hostilidad/Enojo (HO)	_____	_____	_____
2. Tiempo de Urgencia (TI)	_____	_____	_____
3. Perfeccionismo (PE)	_____	_____	_____
4. Decepción (DE)	_____	_____	_____
5. Agotamiento (AG)	_____	_____	_____
6. Bajo Logro (BL)	_____	_____	_____
7. Tensión (TE)	_____	_____	_____

Comentarios/Notas: ¿Cuáles son sus señales de "advertencia"?

ESCALA DE HOSTILIDAD/ENOJO (HO)

En términos de investigación sobre el estrés, enojo y antagonismo son las características de comportamiento más ampliamente estudiados. Muchos estudios de investigación han indicado que el enojo es el factor número uno de comportamiento más altamente correlacionado con un aumento de riesgo de infarto coronario al corazón, infarto de miocardio-hipertensión. Otros problemas de estrés físico y de comportamiento también son conocidos por ser directamente influenciados por el estrés. Por ejemplo, los problemas gastrointestinales o de estómago tienen una alta correlación con el enojo. La Escala de Hostilidad/Enojo (HO) evalúa el grado en el que está experimentando el enojo en este momento.

Un alto nivel de enojo es un fuerte comportamiento indicador de una enfermedad precoz y, posiblemente, incluso la muerte. Esta escala mide las cosas tales como irritabilidad, enojo e impaciencia, y es también uno de los clásicos comportamientos Tipo – A. Si su puntaje es medio o alto en esta escala, tal vez sea prudente encontrar formas más constructivas y apropiadas de lidiar con sus pensamientos de enojo y, finalmente, como tratas a los demás.

¿QUÉ SABER?

La mayoría del enojo es perjudicial y contraproducente; que socava las relaciones y puede dar lugar a cicatrices físicas y emocionales. El enojo se suele expresar en forma de abuso verbal, tales como humillar o gritarle a un niño, el cónyuge, o incluso, un compañero de trabajo cuando no cumplen sus expectativas o necesidades.

También se revela el enojo cuando alguien golpea físicamente, intimida o ataca a una persona. Abuso físico y "acoso" es una ocurrencia demasiado común en los hogares, escuelas y lugares de trabajo a través del mundo. La gente muere porque alguien ha perdido el control de su temperamento y termina matando a alguien a quien ama. Con demasiada frecuencia escuchamos en las noticias sobre alguien que explotó en furia detrás del volante y mata a alguien desconocido.

El enojo es esencialmente un intento de controlar las acciones, pensamientos y sentimientos de los demás a través de la cohesión y la fuerza. ¡La gente suele usar el enojo como un martillo emocional para conseguir lo que quieren!

Mientras que el enojo puede expresarse directamente arremetiendo, también puede ser demostrado indirectamente a través de comportamiento agresivo-pasivo. Con comportamiento agresivo-pasivo, individuos castigan a otros por ser beligerante, no responder, pucheros o simplemente huir. Esto es esclavitud emocional que es, desafortunadamente, muy efectiva para controlar a los demás.

Según su nivel de riesgo, determine si su enojo, y todos tenemos un poco de enojo, es excesivo o perjudicial para usted y para ellos alrededor de usted. Si el enojo le ha afectado, y posiblemente tambien a sus seres queridos o amistades, es tiempo de desarrollar nuevas maneras de pensar o tratar a los demás.

¿QUÉ HACER?

Hay muchas maneras de controlar, reducir o reorientar el enojo. Una clave de enfoque es cambiar sus pensamientos sobre la persona o la situación. Cuando el enojo estalla, el primer paso es reconocer que usted, de hecho, está enojado. Sabiendo que usted está en un "estado de enojo" agitado y posiblemente no está en control de sus palabras o acciones, significa que es hora de encontrar ALTO, PIENSE y RELAJASE. Oblíguese a reconocer que hay una mejor manera de tratar con personas que no cumplen con sus expectativas.

EL MIEDO PROVOCA EL ENOJO

Como el miedo es el motor que impulsa a la gente a hacer cosas ofensivas como pegar, o gritar a alguien, pregúntese, "¿A qué le tengo miedo ahorita?" Lo más probable es que usted esté experi-

I: SIETE SEÑALES DE ADVERTENCIA DE ESTRÉS

mentando ansiedad y miedo que la persona vaya o no a hacer lo que usted quiera. ¿Usted puede sentirse ansioso cuando no está en control y responde en consecuencia?

Si el enojo es un reto para usted, busque reconocer que la necesidad de controlar a los demás suele ser poco realista y contraproducente. Si la ansiedad acerca de una situación o persona es grande, trabaje duro para cambiar o modificar su forma de pensar acera de esa persona. Una vez que lo haga, usted será capaz de dominar su miedo más eficazmente y su respuesta a los factores de estrés que lo irritan será mucho más adecuada y eficaz.

LA PRÁCTICA DE "DEJAR IR"

"Dejar ir" es la clave para liberase de el enojo excesivo. Nuestra cultura nos enseña a siempre tomar acción y mantener control. Este enfoque es bueno en algunas situaciones, y es perjudicial cuando no hay amenaza real. ¡Dejando ir usted realmente va a ganar control sobre sí mismo!

Cuando usted esté consciente del enojo excesivo, agresión u hostilidad con otros, usted podrá a comenzar a hablar con usted mismo de una manera nueva y más efectiva

¡Fluya! No trate de controlar el miedo, fluya con él. Entre más se enfoca en el miedo...más recibirá. Una vez que ha reconocido el miedo detrás del enojo, usted puede darse el permiso de dejarlo ir. Haciéndolo así permitirá que el temor fluya a través y después fuera de usted. La energía se desperdicia tratando de empujar lejos nuestros miedos. Desafortunadamente, esto nos mantiene justo en el medio de nuestro miedo y ansiedad. Acepte que la condición temida ha ocurrido y luego tome medidas positivas para cambiar o hacer lo mejor sobre la situación.

> *"SI NO PUEDE LUCHAR CONTRA EL O HUIR DE EL, ENTONCES...FLUYA CON EL."*
>
> ADAPTADO POR ROBERT ELIAS

TRABAJAR EN LA AUTOESTIMA

La mayoría de las personas a veces experimentan algún grado de enojo. Es normal, sin embargo, una expresión positiva y productiva de ese enojo es esencial. Un buen sentido de la autoestima o autovaloración le permitirá expresar el enojo y la frustración de una manera más efectiva. Cuando mejora la autoestima, es posible aceptar a los demás por lo que son y resistir el uso del enojo como una forma de salirse con la suya.
Por ejemplo, debe decirse a sí mismo:

"¡Puedo dejar ir y está bien!"

"¡Dejar ir no significa que yo estoy fuera de control!"

"¡Puedo dejar ir y todavía sentirme en control!"

"¡Dejar ir me hace sentirme mejor!"

"¡Eso va a hacer la situación mejor!"

"¡No necesito el enojo para cambiar a esta persona o situación en este momento!"

"¡El enojo no me controla,
Yo soy el amo de mi enojo!"

ESTAR PREPARADOS PARA EL ENOJO

¡Esté preparado para el enojo; va a suceder! Piense cuando se enoja. ¿Con quién se enojó y porqué? Escriba o haga una nota mental de cuando se siente enojado o expréselo hacia fuera contra los demás o, incluso, hacia dentro, hacia sí mismo. Haciéndose consciente de las circunstancias que le provocan el enojo, usted estará mejor preparado para ponerle alto al enojo en sus pistas. Mentalmente ensaye cómo va cambiar su respuesta cuando alguien lo frustre o no cumple sus expectativas. No siempre se puede tener éxito, pero si se hace el esfuerzo va hacer progreso. Busque éxitos pequeños y disfrute de la recompensa por el progreso.

I: SIETE SEÑALES DE ADVERTENCIA DE ESTRÉS

USE "YO – MENSAJES"

"Yo-Mensajes" son formas efectivas de comunicarse con los demás y rápidamente pueden desactivar una situación potencialmente explosiva. "Yo-Mensajes" son alternativas efectivas a los ataques de enojo y gritos. "Yo-Mensaje" toma la forma de cómo decirle a la persona lo que sientes por lo que hicieron o por lo que no hicieron. "Yo-Mensajes" se centra en el comportamiento y, no en la persona como ser humano. Por ejemplo, una expresión de enojo común podría ser: "¡Tu idiota! ¿Dónde has estado? Habías dicho que estarías en casa para las 10 y aquí es medianoche. ¡Eres estúpido, bueno para nada! Te odio. Salte de mi vista."
Un "Yo-Mensaje" alternativa sería: "Cuando no me llamas o no me dejas saber cuándo volverá a casa, siento que puedes estar lastimado. Yo estaba preocupado por ti. Es importante que tú me llames. Yo se que quieres ser independiente, pero vamos a hablar de límites. Yo no te odio. Yo estoy molesto con tu comportamiento."
"Yo-Mensajes" deben expresar como es usted afectado por el comportamiento de otros. Para más ayuda en esta área, vea la sección de autoayuda de su librería o en línea para obtener mejores formas de comunicarse.

ESTABLECER METAS REALISTAS

A veces, cuando nos enojamos con nuestra propia falta de progreso, el enojo se refleja o se redirige en la forma en que tratamos a los demás. Cuando no alcanza sus metas, deseos y esperanzas, frustraciones y enojo son es una consecuencia común. Establecer metas realistas le permitirá sentirse mejor y reducir las frustraciones personales. El resultado final es que se convierta en una mejor persona para los que lo rodean. Finalmente, cuando vea éxitos pequeños, dígase que está haciendo progreso. Asegúrese a sí mismo, incluso cuando usted está haciendo sólo pequeños pasos.

EVITAR "DEBERÍAS"

Poniendo requisitos demasiado estrictos o expectativas altas para sí mismo o para otros es un problema común que puede provocar estrés y más enojo. Se sabe cuando está poniendo expectativas poco realistas cuando se encuentra diciendo con frecuencia que la gente debe de ser o debe de hacer algo distinto de lo que son realmente capaces de hacer. Participar en estos "deberías" es auto destructivo para relaciones y generalmente perjudicial para los demás. Ejemplos de los "deberías" son:

**"Cuando entro a un cuarto,
la gente debería saludarme inmediatamente."**

**"Cuando le asigno a ella la tarea,
ella debería haber terminado de inmediato."**

**"Deberían mostrarme más respeto.
Después de todo, yo soy su superior. Yo me lo merezco."**

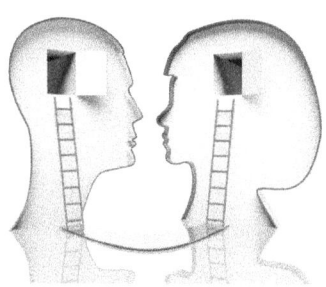

I: SIETE SEÑALES DE ADVERTENCIA DE ESTRÉS

ESCALA DE PERFECCIONISMO (PE) ②

La Escala de Perfeccionismo evalúa la necesidad de pensar y comportarse de manera perfeccionista hacia uno mismo y hacia los demás. Perfeccionismo no es la búsqueda de la excelencia – es la búsqueda de lo inalcanzable.

Una alta puntuación en la Escala de Perfeccionismo se correlaciona con salud crónica y problemas emocionales y es una importante señal de advertencia de estrés. Personas atrapadas en pensamiento y comportamiento perfeccionista, pueden experimentar significativa angustia personal acompañada de problemas físicos y emocionales. Sus normas irrealmente altas y la búsqueda de evitar el fracaso también pueden producir fuertes reacciones negativas de otras personas que no comparten los mismos valores o normas. Si su puntaje es alto o medio en la Escala de Perfeccionismo, reconozca que el perfeccionismo puede ser muy estresante y perjudicial para su salud y calidad de vida.

¿QUÉ SABER?

No confunda el perfeccionismo con el deseo de hacer un esfuerzo consciente de siempre hacer su mejor esfuerzo personal. La excelencia es una norma de actuación que es realista, alcanzable, y naturalmente, genera un sentimiento de satisfacción personal. Perfeccionismo, sin embargo, coloca la barra tan alta que sus normas de funcionamiento no son alcanzables realmente. Las expectativas no son razonables ni racionales. La presión que ponen sobre sí mismos y los demás, es a la vez insalubre y contraproducente.

Los perfeccionistas se esfuerzan por ser organizados en cada detalle. La perfección es su meta personal, TODO el tiempo, e independientemente de su nivel de logro, vienen con la sensación de haber estado corto debajo de la meta. La perfección es una ilusión, y en general, inalcanzable. El efecto neto es una sensación abrumadora y constante de decepción y tristeza.

¿Qué motiva a uno a ser un perfeccionista? Perfeccionismo es un comportamiento aprendido. Es el resultado de años de presión externa (impuesto por otros) o interna (auto impuesto) para mejorar su propio desempeño, pero llevado al extremo. Es basado en la creencia poca realista que, "Si no soy perfecto, no estoy bien." Perfeccionistas creen que no pueden ser felices si no son perfectos.

El perfeccionismo es una forma de tratar con sus propias ansiedades y es impulsado por miedo al fracaso. El perfeccionismo es un estado de estar en competencia al extremo con uno mismo. Como el enojo, intensa competencia es un indicador de comportamiento de enfermedad cardiaca coronaria y lleva a otros problemas de salud y interpersonales.

¿QUÉ HACER?

ESTABLECER EXPECTATIVAS REALISTAS

Primero, el perfeccionista necesita re-evaluar, y cuando sea apropiado, leer solo sus expectativas para sí mismo, así como para otras personas que no cumplen con sus necesidades. La mayoría de los perfeccionistas tratan de hacer demasiado en una vez y establecen normas muy altas para sí mismos y los demás. Poner altas normas no es el problema; el problema es poner normas que no pueden ser alcanzadas realisticamente y esto puede ser emocionalmente perjudicial para usted, así como para quienes se preocupan por usted.

Evalúe sus expectativas para determinar si usted está tratando de hacer demasiado, para muchos y en muy poco tiempo. También, determine si espera demasiado de los demás, particularmente los que están cerca de usted. Talvez usted está sosteniendo las expectativas de un niño, compañero de trabajo o su cónyuge que no son razonables. Metas de "estiramiento" para la gente está bien y es deseable. Metas que "quiebran" a la gente crean estrés.

I: SIETE SEÑALES DE ADVERTENCIA DE ESTRÉS

DOMINE EL MIEDO AL FRACASO

Ya que el miedo al fracaso motiva al perfeccionista, uno se debe de preguntar: "¿Qué es lo peor que le podría pasar si yo no hago la tarea perfectamente? "¿Y si no me percibe como perfecto?" Generalmente, la respuesta a estas preguntas no son tan terribles como se podría imaginar. La gente no te rechazará o pensará mal de ti si, de hecho, las cosas no están perfectas. Las consecuencias imaginadas son típicamente mayores que la realidad.

Practique dejando algunas cosas sin hacer o menos "perfectas" que el desempeño normal. La mayoría de las cosas pueden esperar un día o dos. Distinga entre lo esencial de la vida y lo no esencial, para que sepa en dónde poner su tiempo y energía. Esfuerzos fuera de lugar resultan en decepción. Algunas de las tareas necesitan estar bien hechas; otras pueden ser menos perfectas o así nomas. Esfuércese por la excelencia sólo cuando se requiera excelencia; sea perfeccionista sólo cuando el perfeccionismo realmente es necesario y alcanzable.

Finalmente, no alcanzar sus metas no es señal de fracaso absoluto y ciertamente, no es una señal de que usted como una persona puede ser etiquetado como un "fracaso." El fracaso es relativo a sus ideales y valores. Manteniendo estándares razonables no quiere decir necesariamente que va producir un producto inferior o menos producto. También, de vez en cuando no llegar a alcanzar metas es necesario e importante parte de la vida. De hecho, muchas personas sólo tienen éxito después de repetidos fracasos. Para algunos, contribuye a su éxito eventual.

"DEJAR IR"

¡Enfóquese en la práctica de "dejar ir!" Acuérdese, de que hay un tiempo para apagar la computadora, bajar la pluma, guardar el trapeador en el armario y se acaba el día. Cuando tu dejas ir, el estrés fluirá lejos de ti; el resultado es que se sienta mejor y esté más relajado.

Los perfeccionistas a menudo no conocen sus necesidades o la forma de cómo satisfacerlas. Cuando usted para y toma tiempo para sí mismo, sus necesidades más profundas comenzarán a levantarse en su conciencia. Para llevar a cabo esas necesidades más profundas, debe luchar contra los pensamientos mentales que inconscientemente dice a sí mismo: "haz más, se mejor, trabaja más y no pares."

Trate de hablar con usted mismo de una manera nueva y más productiva. Por ejemplo, utilice palabras que lo tranquilizen en como, "Yo soy lo suficientemente bueno. Ya puedo descansar. No es necesario ser perfecto en todo lo que hago. Yo me merezco hacer algo sólo para mí."

Todos usamos charla con uno mismo para dirigir nuestros comportamientos y acciones. Cambiando su charla con un mismo y usar nuevas y más palabras positivas, va a hacer una diferencia en cómo se siente. Haga que la frase, "Déjalo Ir", se convierta en una parte integral de su pensamiento y el estrés se disipará en forma automática.

Esforzarse por la excelencia le motiva; esforzarse por perfeccionismo es desmoralizante.

Harriet Brailer

Cuando uno busca la perfección, descubre que es un blanco en movimiento

George Fisher

I: SIETE SEÑALES DE ADVERTENCIA DE ESTRÉS

ESCALA DE TIEMPO DE URGENCIA (TI)

Hoy, más gente que nunca está en un gran apuro para moverse rápido y hacer más en menos tiempo. Mientras que una actitud "vaya a conseguirlos" puede ser la chispa que hace que las cosas sucedan, una cantidad excesiva de urgencia de tiempo puede causar estrés personal. Con la explosión en tecnología de la información, constante mensajes de texto y correo electrónico, viviendo cada día con el teléfono "smart," la presión interna y externa que ponemos sobre nosotros mismos de hacer más y hacerlo más rápido está causando aumento de problemas de estrés físico y emocional.

Excesivo Tiempo de Urgencia es un clásico componente de personalidad Tipo-A. Las personas que son excesivamente orientadas al tiempo, tienen más riesgo cardiovascular, gastrointestinal y otros problemas de salud que aquellos que trabajan a un ritmo más relajado y constante. Excesivo Tiempo de Urgencia mantiene la mente y el cuerpo en alta ansiedad y niveles de estrés.

Personas que constantemente perciben la vida en manera de tiempo de urgencia, tienden a preocuparse demasiado acerca de los horarios, plazos excesivamente ajustados, prisa cuando no es necesario estar de prisa y constantemente haciendo multi tareas. Estos comportamientos y pensamientos contraproducentes crean estrés y roban el gozo del trabajo, e incluso, el jugar. La clave está en desarrollar habilidad para dominar el tiempo que le permita "caminar" no "correr" por la vida.

Si su puntaje es de medio a alto en esta escala, reduzca la velocidad y tome la vida y los acontecimientos tal como son y no como cree que deban de ser. Aprenda a manejar su tiempo y le va ayudar a combatir estos pensamientos negativos.

¿QUÉ SABER?

Frecuentemente llamada "la enfermedad de la prisa" excesivo tiempo de urgencia quiere decir que se amarra con el reloj y trata de hacer demasiadas cosas a la vez. Excesivo tiempo de urgencia no produce mejores resultados; investigaciones han probado que la velocidad casi siempre resulta en errores y baja la calidad del trabajo. Acordarse de un dicho, "lo más apurado que voy, lo más tarde que llego" ¡Es generalmente cierto! Tenga en mente que las personas que tienen este comportamientose "autoimponen" esta manera de pensamiento y comportamiento a si mismos…a veces sin saberlo.

Excesivo tiempo de urgencia es una "espada de doble filo." Incluso cuando se logra más, el costo puede ser alto. Una consecuencia para estos estilos de comportamientos es el agotamiento emocional. Para muchos, la atención se centra en las tareas y no en la gente. Mientras que logra mucho, relaciones pueden ser dañadas.

Empujarse con demasiada frecuencia para cumplir con plazos ajustados y estar a tiempo constantemente, incluso cuando estar a tiempo no es necesario, puede poner tremendo estrés en usted. Usted puede estar orientado a objetivos y tener un sentido realista de tiempo sin causar estrés. ¡Balance es la clave!

Personas orientadas demasiado al tiempo temen ser rechazadas o no aceptadas por lo que son. Como con el perfeccionismo, mentalmente "dejar ir" es un paso importante para tener éxito al combatir esta manera de pensar.

Muchos trabajos requieren plazos muy ajustados que no se pueden evitar. Le corresponde a usted saber cómo responder a esos plazos y exigencias. Si no puede cumplir con el plazo, sólo tiene una opción…mentalmente "deje ir" y haga lo mejor que se pueda. Aún cuando tenga que trabajar más duro y más rápido de lo que usted sabe es saludable, aprenda a relajarse mentalmente y proceda. Respire profundo, deje ir y siga su propio ritmo.

Desafortunadamente, la gente con tiempo de urgencia vive mucho en el futuro y no disfruta el momento. Rara vez observan las rosas a lo largo del camino de la vida, ya que sus ojos están siempre en el objetivo. La gente orientada excesivamente a el tiempo cubre su ansiedad con una intensa actividad. Cuando dejan de hacer lo que estaban haciendo, se sienten culpables, y por consiguiente comienzan de nuevo el ciclo vicioso. Uno de los retos es disfrutar el proceso de lo que esté haciendo. Viva y trabaje en el momento y no se le olvide disfrutar

¿QUÉ HACER?

HAGA EL TIEMPO SU AMIGO

El tiempo puede ser su enemigo o su amigo. Cuando el tiempo es su amigo, usted toma un enfoque más relajado para trabajar o jugar. Si usted hace el tiempo su enemigo, usted ve el tiempo ido y la ansiedad tiende a aumentar.

Tiempo de Urgencia es un problema de percepción. Todo el mundo tiene un límite de tiempo para hacer las cosas, para cumplir con plazos ocasionalmente ajustados, y tienen lugares a dónde ir. Este comportamiento es común en nuestra sociedad acelerada. Cuando usted pone todo bajo la presión de tiempo, la tensión estalla. Reconsidere su opinión sobre el tiempo. Pregunte: "¿Refleja esta relación lo que reamente es importante para mí?" Ponga eventos, tareas y tiempo en su perspectiva adecuada.

VAYA DESPACIO Y ESCUCHE

Practique haciendo algunas cosas más despacio. No todas las tareas tienen que hacerse rápidamente. Tome la perspectiva de un niño en la cual las tareas se hacen en el tiempo que necesita para hacerlas. Cuando usted está hablando con la gente, ESCUCHE más de lo que usted hable. Poco es aprendido cuando usted no más habla. Escuchando más y hablando menos se va despacio y realmente escucha lo que la otra persona está diciendo. Bajo estrés, reducimos nuestra capacidad para interpretar lo que una persona está diciendo. Escuchando silenciosamente reduce el estrés.

SEPARE EL TRABAJO DEL JUEGO

Mantenga el trabajo y el juego separado. El trabajo requiere más tiempo que el juego. No aplique los requisitos del trabajo para sus reuniones sociales. Piénselo. ¿Se comporta como si las actividades sociales son reuniones de la junta directiva?

CAMBIE SUS EXPECTATIVAS

Tener la expectativa de tener que hacer más y hacerlo más rápido son en la raíz de un problema de Tiempo de Urgencia. Determine si usted está tratando de hacer más de lo que es razonablemente capaz de hacer. Enfóquese en una cosa a la vez. Trate de mantener las expectativas de otros y de usted mismo en línea con la realidad. Ya que el diálogo interno y las expectativas impropias son la causa de su estrés, aprenda a revisar constantemente las expectativas para sí mismo. Pregúntese, "¿Esto es una expectativa razonable y realista?" ¡Y si no, cambie sus expectativas! Si su expectativa es realista, entonces, siga adelante con la tarea.

ENFRENTE EL MIEDO AL RECHAZO

Muchas personas que operan EN EL MODO DE A TODA PRISA temen al rechazo y a la desaprobación. El problema es tratar de complacer a todo el mundo apresurándose a cumplir "sus" necesidades. Si usted tiene que estar en todas sus citas a tiempo, o si usted nunca debe llegar tarde, usted puede tener una excesiva necesidad de complacer a los demás. Pregúntese, "¿Si no puedo cumplir con las expectativas de alguien, qué es lo peor que podría pasar?"

PUNTUALIDAD, NO TIEMPO DE URGENCIA

Llegar a tiempo es necesario para la mayoría de las situaciones y reuniones. Sin embargo, aunque es importante estar a tiempo para la mayoría de las citas, no todas requieren una actitud de "vida o muerte." Realmente no es necesario precipitarse a través del tráfico, arriesgando su vida y la de los demás, sólo para evitar llegar tarde. Así es que, quite el pie de la gasolina, respire hondo y relájese. ¡Todo va estar bien!

SEA UN BUEN PLANIFICADOR

Corriendo alrededor puede indicar un problema más profundo tal como la incapacidad para planificar. ¿Sabe qué cosas son más importantes que otras? ¿Cae en la trampa de "la falta de planear" y luego termina corriendo en el último momento para a hacer el trabajo? Evalúe sus habilidades de planificación y organización para ver si puede reducir el estrés causado por la mala planificación. Los MAESTROS DEL ESTRES ven el valor de disfrutar lo que están haciendo en el "momento," vivir la vida en el "aquí y ahora" y esto hace que la tarea más pequeña sea una experiencia placentera.

I: SIETE SEÑALES DE ADVERTENCIA DE ESTRÉS

ESCALA DE DECEPCIÓN (DE)

Amayor frecuencia de dificultades físicas o emocionales que los que obtuvieron una puntación baja. Personas que tienen un alto nivel de decepción tienden a tener más dolores de cabeza, dificultades gastrointestinales, palmas húmedas, sobre transpiración y otros problemas físicos que aquellos con baja puntación en esta escala.

¿QUÉ SABER?

Decepción se relaciona con las expectativas que usted tiene de los demás o de su vida en general. Algunas decepciones son inevitables, mientras que en otras ocasiones son prevenibles, o por lo menos, algo evitables.

Decepción que es inevitable incluye eventos tales como reducción de personal y despidos corporativos, miembros de familia que no satisfacen sus expectativas o amigos que se mudan o tienen que trasladarse. Muy poco se puede hacer para evitar estos factores estresantes; sólo ocurren.

Decepción es el resultado directo de pensar negativamente de los demás porque no cumplen sus expectativas. Los que obtienen alta puntación en esta escala tienen dificultad en establecer expectativas realistas para sí mismos o para otros y suelen resistir cambiar o modificar sus expectativas para estar más en línea con la realidad. Su actitud es: "¡Esto es lo que espero y nada más hará!"

Incluso si usted piensa que sus expectativas son apropiadas y realistas, quizás no lo sean. Por ejemplo, le llama a una amiga varias veces y no corresponde. Se molesta, enoja y se decepciona. "La amortiza" como su amiga. Sin embargo, la realidad puede ser diferente. Es posible que quiera llamar pero está sobrecargada de trabajo, fuera de la ciudad o simplemente agobiada con su vida personal. Quizás ella no es orientada al tiempo y se le olvida. Ella no hace lo que sabe que debe hacer, no porque no le gusta, sino por sus propias insuficiencias. Usted la acepta como es, o se desplaza. Ambas opciones son apropiadas.

Todos experimentamos decepción; sin embargo, algunos de nosotros somos más propensos a sentirnos decepcionados con los de nuesta vida que con otros. El decepcionarse repetitivamente es un resultado de un modelo del pensamiento defectuoso o irracional. Si usted experimenta frecuentes decepciones, evalúe sus expectativas, y si es necesario, cámbielas para que sean más apropiadas para la situación.

¿QUÉ HACER?

LO QUE ES REAL Y LO QUE NO ES

Si usted aprende a diferenciar entre factores estresantes evitables e inevitables, usted tendrá un mayor control sobre cómo responder, y a consecuencia, usted podrá reducir la decepción y el desaliento personal. Concéntrese en el cambio de un evento que es, de hecho, cambiable. Una forma de disminuir su decepción es crear expectativas realistas desde el principio. Dése cuenta de que el pensamiento erróneo puede ser la raíz de su decepción excesiva y trabajar para comprender que lo que usted piensa afecta a cómo se siente.

CAMBIE SUS EXPECTATIVAS

Las expectativas juegan el papel central en la decepción y el estrés resultante. Evalué lo que espera de la familia, amigos y compañeros de trabajo. ¿Qué espera de la vida, de Dios, de su cónyuge, de sus compañeros de trabajo o de sus hijos? Haga un chequeo mental para ver si sus expectativas son razonables y alcanzables. Si no es así, puede que necesite cambiar o alterar sus expectativas. Sin embargo, si sus expectativas son razonables, entonces, vaya con ellas.

I: SIETE SEÑALES DE ADVERTENCIA DE ESTRÉS

Determine si su decepción es específica a una persona o situación o a la mayoría de los aspectos de su vida. Esto le permitirá centrar sus energías más eficazmente. Anote las decepciones específicas o ejemplos de decepción y busque la causa, no sólo el síntoma de su estrés.

Pregúntele a alguien cercano a usted si piensan que sus expectativas son fuera de línea con lo que es razonable. Ellos pueden tener una mejor, o al meno diferente perspectiva que usted. Escuche lo que dicen, "si el zapato encaja," depende de usted hacer el cambio necesario. Recuerde, el único control que usted tiene es el control que usted pone en su propio pensamiento, no las actitudes y comportamientos de los demás. Podemos influir, pedir, incluso demandar, pero al final, sólo USTED puede controlar a usted y nadie más.

REDIRIGA SU PENSAMIENTO

Sus pensamientos determinan sus expectativas. Las buenas noticias son que usted puede contralar sus pensamientos. Tenga en mente que mientras usted tiene algún control sobre sus pensamientos, usted no tiene control sobre los pensamientos o acciones de los demás.

Dirija sus pensamientos lejos de la preocupación que tiene con las personas que no están cumpliendo sus esperanzas y deseos. Si alguien constantemente no puede o no le da lo que usted quiere, tiene algunas opciones; es decir, aceptar a la persona como él o ella es en este momento o no pasar tiempo con la persona. ¡Tome este tipo de decisión con cuidado!

DEJAR DE MORAR

¡Vivir en decepción es una "obsesión mental!" Lo que le pueden haber hecho a usted o una persona no cambia. Estar preocupado con una persona que no cumple con sus necesidades crea estrés innecesario. Cuando se encuentre pensando excesivamente sobre una decepción reciente, desvíese y enfóquese de nuevo en "dejar ir" y aceptar esa persona por lo que es. Estar en "el momento" es la clave para fomentar una percepción positiva de la situación y que le ayudará a sentirse mejor.

El primer paso para pensar claramente es bajar sus niveles de estrés. La ansiedad y el miedo interfieren con el pensamiento racional. Respire profundamente, tome un paseo relajado y lento, siéntase y enfóquese en el momento...después comience a redirigir sus pensamientos.

COMUNÍQUESE MÁS EFICAZMENTE

Cuando uno se pone a pensar, ¡uno tiene poco o ningún control sobre las acciones de los demás! Sin embargo, usted puede tener alguna influencia sobre las personas a través de una comunicación buena y clara. Usted tendrá más éxito en hacer que la gente cambie o hagan lo que usted desea, empleando una mejor técnica de comunicación y técnicas para escuchar eficazmente.

Escuche activamente y escuche más lo que los demás realmente tratan de comunicar. Entendiendo a la persona, sus expectativas se hacen más realistas y alcanzables. También se sentirá mucho mejor. Además, usted podrá ver algunos cambios en su comportamiento y actitud.

Una de las herramientas más efectivas de comunicación implica indicar lo que usted quiere de alguien y luego pedir a esa persona que reafirme lo que usted dijo. Simplemente pidiendo a la persona que repita lo que usted dijo se asegurará que su mensaje llegue.

Pueden escoger no hacer caso o no hacer lo que les pida, pero al menos saben exactamente lo que quiere y que espera.

Por su parte, puede usar la misma técnica cuando alguien expresa sus deseos y expectativas de usted. Comience con: "Si le entiendo correctamente, lo que dice es..." Esta es una herramienta simple pero potente. Por último, puede reducir o eliminar su decepción a través de una mejor aclaración de lo que se ha dicho o escuchado.

Los MAESTROS DEL ESTRES encuentran la manera de tomar el control de sus pensamientos y los comportamientos, y no los comportamientos o acciones de los demás. ¡Por consiguiente, la reacción que uno tiene a los factores estresantes de la vida se mantiene dentro de su propio control!

I: SIETE SEÑALES DE ADVERTENCIA DE ESTRÉS

ESCALA DE AGOTAMIENTO (AG) 5

Períodos frecuentes de estado de ánimo negativo es una clara señal de advertencia de estrés. Las personas que obtuvieron altos niveles en la Escala de Agotamiento (AG) posiblemente estén experimentado mayor estrés que aquellos que tuvieron puntuación baja. Si usted marcó medio a alto en esta escala, evalúe lo que piensa y cuál es la fuente de sus sentimientos. ¿Es su pensamiento positivo o negativo? ¿Piensa con frecuencia en la peor las situaciones, la gente o usted? ¿Son sus pensamientos mayormente negativos y se siente triste? La clave para sentirse mejor es hacer cambios en cómo se ve a usted mismo y el mundo alrededor de usted. Tenga en cuenta que el agotamiento no es lo mismo que la depresión, o incluso, depresión maníaca. Estas son las condiciones clínicas que requieren atención profesional competente de un psicólogo o profesional de salud mental.

¿QUÉ SABER?

Las personas que tienen su vida llena de grandes cambios, al igual que una gran cantidad de obstáculos diarios, frecuentemente se "agotan" y se desaniman. Algo de agotamiento es normal. La mayoría de nosotros lo experimentamos. Cuando el agotamiento ocurre frecuentemente o con intensidad, concéntrese en encontrar maneras de invertir el pensamiento negativo que genera y mantiene estos estados de ánimo.

Los períodos de estado de ánimo negativo o sensación de "agotamiento" pueden ser una indicación de que el estrés tiene un efecto en su cuerpo y la calidad de su vida. Investigaciones recientes han demostrado que las personas que experimentan agotamiento tienen cambios en la frecuencia y la cantidad de hormonas de estrés, tales como el cortisol, en sus cuerpos. Estas hormonas pueden producir el sentimiento de estar triste y "sin vida." Mientras más se sienta de esta manera, mayor será el estrés.

Al igual que la mayoría de los mecanismos para "lidiar" con el estrés, el agotamiento es el resultado de períodos prolongados de molestias y eventos importantes de la vida que llevan a más pensamientos negativos y percepciones sobre sí mismo y el mundo en general.

Estados de ánimos negativos frecuentes indican que el estrés le está afectando perjudicialmente. Usted puede estar experimentando agotamiento personal. Usted puede también estar intentando comunicarse con los demás de una manera indirecta que no está satisfecho con usted mismo, con ellos o la vida en general. ¡Mostrando al mundo lo mal que se siente puede ser una petición de ayuda!

Lamentablemente, los que lo rodean pueden no ser capaces de interpretar sus estados de ánimo, ni saben qué hacer.

Algunos estados de ánimo negativos pueden ser inevitables. Momentos "bajos" ocasionales puede tener un efecto de limpieza. Por ejemplo, después de ser rechazado para una promoción de trabajo, te sientes deprimido y "triste." Esta es una reacción normal a tu "percepción" de fracaso. En la manera que va pasando por estos momentos, se dará cuenta que hay cosas que puede hacer para mejorar la situación tales como: mudarse, conseguir un trabajo nuevo, o simplemente hablar con su supervisor acerca de lo que puede hacer para mejorar. Se levanta su estado de ánimo y se siente más en control.

El agotamiento frecuentemente es el resultado del pensamiento irracional. Un pensamiento irracional común es enfocarnos en lo negativo y no ver lo positivo en la vida. Por ejemplo, su cónyuge no le dice que la ama. Usted lo ve como "el ya no me ama." Usted puede descubrir que con un poco de pensamiento racional usted también ha dejado de decir, "Te amo" – no porque usted no lo ama, pero quizás porque usted ha estado demasiado preocupado y agotado con el trabajo. Se da cuenta de que existe el amor, pero usted y su cónyuge no dicen lo que está en sus corazones.

¡Una causa del estado de ánimo negativo es la conversación interior llamada pensando apestoso! Irónicamente, debido a que no cambia los pensamientos o actitudes que provocan sentimientos negativos que ocurran, entre más se enfoca en tratar de cambiar qué tan mal se siente, menos cambian esos sentimientos.

I: SIETE SEÑALES DE ADVERTENCIA DE ESTRÉS

¿QUÉ HACER?

CONOZCA DE DÓNDE VIENEN LOS SENTIMIENTOS

Los sentimientos suelen seguir y no preceder su pensamiento. ¡Pensamientos e imágenes mentales crean sentimientos! Es una falacia que usted primero debe sentirse bien antes de que se pueda hacer algo. Hay muchas cosas que usted puede hacer. Por ejemplo, imagine un tiempo muy positivo en su vida cuando se sentía muy bien. Si usted realmente lo visualiza, sentirá algunos de los sentimientos cálidos y buenos de esa época. Enfoque sus pensamientos y visualizaciones en experiencias buenas y sus sentimientos comenzarán a cambiar. Es un hecho: "¡Pensamientos negativos producen sentimientos negativos!" Y, "¡pensamientos positivos producen sentimientos positivos!"

En última instancia, usted tiene más control sobre sus sentimientos de lo que usted piensa. Cuesta trabajo, pero incluso unos pequeños cambios en su conversación interior pueden hacer una diferencia inmediata en cómo se siente. Usted puede cambiar su estado de ánimo sin tener que usar drogas o medicamento. Pero, para esto sería necesario centrarse en cambiar cualquier patrón de pensamiento defectuoso, negativo o distorsionado.

Hay algunas excepciones. Los sentimientos pueden venir de desequilibrios fisiológicos por demasiado alcohol u otras drogas. Los desequilibrios y los cambios hormonales también son un factor...hasta para los hombres. La depresión mayor puede también ser el resultado de desequilibrios neurológicos heredados. Si un sentimiento tiene una base fisiológica pura, cambiando el pensamiento ayudará, pero no podrá reemplazar la base química para el problema. Siempre verifique si la depresión es causada por problemas médicos.

AVERIGUE SI ES DEPRESIÓN REAL

La depresión y los estados de ánimo negativos se relacionan pero no son iguales. Si usted piensa que está crónicamente deprimido, no tiene energía o deseo de hacer cambios en su vida y no sólo experimentando los altibajos normales de la vida diaria, busque ayuda profesional de inmediato. Si usted tiene un programa de asistencia al empleado (EAP) en el trabajo, llámelos hoy. Si no, busque la ayuda profesional de un psicólogo o profesional de salud mental.

CAMBIE PENSAMIENTOS IRRACIONALES

El pensamiento irracional se encuentra en el corazón de sentirse deprimido o triste. Por ejemplo, usted puede pensar que es un fracasado, pero en realidad puede ser exitoso. Usted elije no ver lo bueno en usted. Usted puede pensar, "Nunca hago nada bien." O, "Nadie podría amar a alguien como yo."

Haga una verificación de la realidad. Pregúntese: "¿son correctas mis suposiciones?" Si no, es tiempo de cambiar lo que esta pensando. Los pensamientos irracionales comunes son:

• Pensamiento Extremista - Todo lo ve como todo mal o todo bien. La mayoría de las situaciones son una mezcla de bueno y malo. Alguien comete un error y cree que el mundo ha llegado a su fin.

• Pisoteando lo Positivo – Usted no decide ver lo bueno en una situación. Como una manta mojada en un fuego, pisotea cualquier cosa positiva. Se hace un comentario positivo acerca de alguien que no le gusta y usted "se avienta" sobre la persona.

• Quedándose en lo Negativo - Sólo admite los aspectos negativos de la vida. Al obsesionarse con lo negativo, se hace un esclavo de su pensamiento. Puede estar obsesionado con las malas experiencias de su vida principalmente y no con las buenas.

• Pensamiento ESP - Cree que sabe cómo los demás se sienten y piensan acerca de usted, o peor aún, espera que los demás sepan lo que usted piensa o siente.

• Sobre-generalizando - Algunas cosas malas pasan. En consecuencia, piensa que todo va a derrumbarse. Reconozca el error de sobre-generalización y dígase a sí mismo que todo no se deshará sólo porque han pasado algunas cosas malas o difíciles. El éxito por lo general sigue al fracaso.

Cambiando el diálogo interno es un reto porque nos hemos programado para pensar sobre la gente y la vida de un modo en particular. Esta es la "charla interna" que nos puede bajar el ánimo. Pero, cuando no puede cambiar lo que piensa, cambie su comportamiento; haga algo nuevo o diferente. La solución reside en la acción. ¡Salga a caminara, andar en bicicleta, visite a un amigo, lea un libro! Busque ayuda profesional si nada parece funcionar.

I: SIETE SEÑALES DE ADVERTENCIA DE ESTRÉS

ESCALA DE BAJO RENDIMIENTO (BR)

Aquellos con una puntuación Alta en la Escala de Bajo Rendimiento (BR) creen que están viviendo vidas improductivas o fracasadas. Los de bajo rendimiento piensan de esta manera incluso cuando hay pruebas objetivas que de hecho están consiguiendo mucho en sus vidas. Las personas que sienten que son improductivas tienden a sentirse insatisfechos, lo que por su parte, pueden producir una variedad de problemas físicos y emocionales. Irónicamente, tanto la calidad cómo la cantidad de su trabajo, sin mencionar otras áreas de su vida, pueden verse afectadas negativamente.

Si tuvo una puntuación alta en la Escala de Bajo Rendimiento, aprenda más sobre cómo movilizarse en direcciones positivas y productivas. (Vea "¿Qué Hacer?" en la sección de Tiempo de Urgencia.)

Como todos los indicadores de estrés, la percepción de bajo rendimiento puede ser el resultado de una auto percepción defectuosa. Irónicamente, incluso una persona altamente productiva puede percibirse a sí mismo cómo alguien de bajo rendimiento. Aprendar a tener una visión racional de su vida y productividad.

¿QUÉ SABER?

La percepción de bajo rendimiento está en el centro de la auto decepción. Mientras que la decepción excesiva esta en gran medida relacionada con la decepción con otras personas, el bajo rendimiento está relacionado con la decepción con nosotros mismos y y lo que consideramos como nuestros defectos y errores.

Los de bajo rendimiento creen que están fallando en lograr lo que se propusieron hacer con sus vidas. Se sienten frustrados porque no están alcanzando lo que esperaban, o sienten que no están consiguiendo sus objetivos lo suficientemente rápido. Por ejemplo, una persona de seguros muy "exitosa," quien ha alcanzado todos sus objetivos y fue la persona más exitosa en su agencia, se considera que es una persona de bajo rendimiento. Esto sucedió porque ella se había puesto para su propio fracaso con objetivos y expectativas que no son realistas. Sus expectativas eran muy poco realistas y demasiado altas. Cambiando estas hizo una diferencia en el nivel de estrés y cómo se sentía acerca de sí misma.

La percepción de cualquier bajo rendimiento está directamente relacionada con su percepción de lo que usted cree que puede y debe estar logrando. Cualquier dialogo interno negativo en cuanto a por qué no está logrando lo que quiere obtener se debería cambiar para hacerse más positivo y auto alentador.

¿QUÉ HACER?

Muchos de los conceptos y las ideas expresadas en la sección de la Escala de Decepción se aplican a aquellos que sienten crónicamente que son de bajo rendimiento. Estos conceptos no se repiten aquí. (Revise la sección "¿Qué Saber?" y "¿Qué Hacer? en la sección de La Escala de Decepción.)

¿REALIDAD O FANTASIA?

La perspectiva de que uno es de bajo rendimiento está directamente relacionada con los objetivos y las expectativas establecidas y el grado en que uno cumple esas expectativas. Si establece metas poco realistas para usted, tales como seré millonario para cuando 30 anos, entonces será más probable que se sienta como alguien de bajo rendimiento.

Hay varias cosas que usted puede hacer para asegurarse que no se sienta como alguien de bajo rendimiento o un fracasado. En primer lugar, determine si existe una base sólida y racional para su bajo rendimiento. Puede ser correcto que usted tiene la capacidad y habilidad para lograr más. Puede tener una patente o invención que en efecto le hará millones. Pero, si no tiene una manera inmediata para alcanzar su meta, entonces considere reducir o moderar sus expectativas a un marco de tiempo más realista. En segundo lugar, haga un inventario de lo que está haciendo con su vida en el hogar y en el trabajo y busque aquello que es realmente alcanzable. Usted puede estar ignorando logros positivos y sólo mirando los negativos.

En casa, por ejemplo, tiene una familia muy amorosa y siempre está allí para sus hijos o su cónyuge. En el trabajo, reconozca lo que ha hecho para su empresa o para usted mismo durante el año pasado y reconozca que de hecho está haciendo muchas cosas muy bien.

En tercer lugar, tome una mirada más amplia a la vida y no sobre generalice cuando las cosas no vayan como se esperaba. Si sólo falla en lograr sus expectativas ocasionalmente, entonces mire más de cerca otras áreas de su vida para tranquilizarse.

Por último, si no cumple con sus expectativas frecuentemente, pregúntese a sí mismo, "¿Realmente perdí la marca?" "¿Realmente fallé en lo que intenté hacer?" Tome una perspectiva diferente. Quizás hay modos de medir el éxito. Evite pensar en el éxito como todo o nada. Considere que la satisfacción en la vida viene de una búsqueda de la mejora constante y no del logro de un sólo objetivo.

CAMBIE LAS PERSPECTIVAS

¡Lograr un objetivo es bueno, pero siempre mirará hacia atrás al proceso de alcance de ese objetivo como la parte más satisfactoria — la búsqueda! La gente falla cada día. La mayoría de la gente llega muy cerca al éxito y pierden la "marca" por sólo un poco. Sólo los de bajo rendimiento interpretan esto como fracaso.

Evalúe su situación muy cuidadosamente. Si su bajo rendimiento es una falacia y realmente está logrando mucho, pregúntese, "¿Estoy fracasando por no evaluar mis objetivos correctamente?"

Si las expectativas poco realistas terminan resultando en la percepción de bajo rendimiento, reduzca o modifique lo que espera. Trabaje para desarrollar expectativas más realistas en situaciones futuras. Estableciendo expectativas muy poco realistas garantiza que usted se sentirá decepcionado. Este tipo de pensamiento disminuye la autoestima y aumenta el estrés.

DESARROLLE NUEVAS HABILIDADES

Si usted no está logrando lo que quiere en la vida, tanto en el hogar como en el trabajo, evalúe sus habilidades para ver si necesita más entrenamiento o capacitación. Muchas personas fallan porque carecen de las habilidades necesarias de nutrir el éxito. Siempre siga aprendiendo.

COMIENCE CON EL FIN EN MENTE

Stephen Covey, en su libro los 7 Hábitos de Personas Altamente Efectivas (ver Recursos al final de este folleto) indica con el fin en mente como su primer principio. No alcanzar nuestras metas es a menudo un resultado de la falta de una visión clara de lo que desea lograr.

CONVIÉRTASE EN UN MEJOR PLANIFICADOR

Una vez que tenga un objetivo claro en mente, recuerde que de bajo rendimiento a menudo es resultado de la mala planificación, organización inadecuada, y otros factores "controlables." Aprenda cómo tomar medidas para mejorar sus habilidades y comportamientos en estas áreas críticas.

Solicite la asistencia de los que saben cómo planificar, organizar y dar seguimiento a planes. Asista a talleres y seminarios, lea libros o escuche cintas acerca de cómo ser más productivo y organizado. Aprenda mejores habilidades de gestión de tiempo. Organícese mejor en su oficina o en su hogar.

SEA MÁS POSITIVO

La depresión leve o severa también puede causarle bajo rendimiento. Si está deprimido y esto está afectando su vida y su trabajo, busque ayuda profesional. Repase la sección de agotamiento. Por último, para que se sienta mejor, tendrá que cambiar su manera de pensar acerca de algunos aspectos de su vida.

La gente cambia comportamientos o sentimientos lentamente. Concéntrese en cambiar uno o dos comportamientos a la vez. ¡Sea realista y establezca metas razonables para usted!

CUESTIONARIO DE MANEJO DE ESTRÉS (CME)

I: SIETE SEÑALES DE ADVERTENCIA DE ESTRÉS

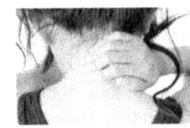

ESCALA DE TENSIÓN (TE) ❼

Una puntuación alta en la Escala de Tensión (TE) indica un alto nivel de tensión física y emocional en su cuerpo. Aquellos que califican alto en esta escala rara vez toman tiempo para relajarse y liberar la tensión interna. Como resultado, personas muy tensas no gozan de buena salud- física y emocional. Si usted marcó medio a alto en esta escala, usted probablemente tiene más estrés y molestias que otros que tienen una puntuación baja. Comience a crear más tiempo para relajarse y contrarrestar el efecto negativo del estrés.

¿QUÉ SABER?

Bajo tensión prolongada, el cuerpo comienza a producir un cambio de todos sus sistemas del cuerpo incluso: los músculos, el sistema endocrino, digestivo, cardiovascular y otros sistemas del cuerpo. Una queja común de demasiada tensión y estrés es el dolor. El dolor es a menudo el resultado de la prolongada tensión en una o más áreas del cuerpo. ¡Por ejemplo, los dolores de cabeza son muy comunes en estos días y suelen ser el producto de los músculos que han sido restringidos inconscientemente durante horas!

Muchas formas de problemas físicos están asociados con la tensión crónica. Otra área de la salud que se ve afectada es la fatiga. La fatiga crónica es producida por la tensión física y mental dentro de nosotros. Algunas personas están tan cansadas que apenas pueden trabajar. Aún, siguen adelante... sólo para empeorar las cosas.
No tomarse el tiempo necesario para "relajarse" es un indicador importante de estrés. Algunas personas piensan que relajarse delante de un televisor conjunto es el camino a seguir. Mientras que esta forma de relajación está bien, no logra el objetivo de reducir la tensión del cuerpo.

La relajación profunda es un proceso específico de permitir que el cuerpo se relaje y reduzca la tensión física y emocional interior; es un acto consciente de mentalmente "dejar ir" acompañado de respiración profunda. Hay varias maneras de ayudar al cuerpo a relajarse totalmente. Estas técnicas se explican a continuación. El punto para recordar es "¿Cuál es el valor que le da a tomar tiempo para ti mismo?" Esto determinará si usted se convertirá en una persona relajada en un mundo tenso.

Las personas muy tensas experimentan las consecuencias del estrés prolongado en tensión muscular, dolor físico y la fatiga. Estas personas tienden a tener también un índice más alto de lo normal en errores en el trabajo o en su vida diaria. Cuando el cuerpo está tenso, uno no ve, oye o, incluso, procesa ideas muy bien. Por consiguiente, se producen más errores de lo normal.
Por ejemplo, los empleados que trabajan largas horas en una computadora sin interrupciones experimentan más tensión muscular y fatiga.

Muchos trabajadores que hacen trabajo repetitivo desarrollan una serie de molestias físicas y dolores que pueden resultar en errores, y en última instancia, bajar la productividad. Sin embargo, las personas que toman tiempo para bajar la tensión a través de descansos periódicos, ejercicios de relajación profunda y meditación funcionan mejor y son más productivas.

En el lado emocional, la gente demasiado tensa a menudo se siente increíblemente culpable por tomar las cosas con calma y ser buenos con ellos mismos y sus cuerpos. Raramente toman almuerzo, leen libros o toman paseos. Cuando lo hacen, se sienten culpables. La causa principal de este comportamiento es un sistema de valores que dice: "¡La única cosa buena... es trabajar! ¡El juego y el descanso es un pecado!" Este error en el pensamiento hace poco para crear una buena resistencia al estrés o dominio de estrés. En general, no tomando tiempo para descansar y relajarse resultada en:

Dolor
Toma de decisiones pobres
Energía física reducida
Aumento de errores
Agotamiento mental
Disminución de la calidad de trabajo
Dificultad para concentrarse
Evitación de los demás

I: SIETE SEÑALES DE ADVERTENCIA DE ESTRÉS

¿QUÉ HACER?

¡TOME TIEMPO PARA USTED!

¿Está dando demasiado a los demás y no suficiente para usted? ¿Desea tomarse un tiempo para usted, pero parece que no puede hacer que suceda? ¿Realmente cree usted que si deja de trabajar para relajarse unos 10-15 minutos, nunca se hará el trabajo? Muchas personas creen que tomar tiempo para hacer ejercicios de relajación, por ejemplo, es una pérdida de tiempo. ¡No es así! Las investigaciones muestran que tomar descansos de relajación realmente mejoran el rendimiento.

Si hace algo bueno para usted, niegue sentirse culpable. ¡Sólo hágalo! Cuando la gente se siente culpable por tomar el tiempo para ellos mismos y hacer algo que les gusta, a veces dejan de hacerlo. Entonces, se establece el resentimiento y los beneficios potenciales se pierden. No viva su vida a través de normas y expectativas de otras personas. Establezca su propio criterio y cambie la cinta mental que dice…"Es un error cuidarse a uno mismo."

Tome el control de los pensamientos que producen la culpa y dígase, "está bien y es bueno que tome tiempo para usted mismo y disfrute de la vida." Concéntrese en los beneficios que ocurrirán para usted y su familia cuando se está más relajado y con energía.

¡VAYA A COMER Y NO SE APRESURE!

Tome un descanso de almuerzo largo y relajado varias veces por la semana. No trabaje. Lleve a un amigo y disfrute de buena conversación. Ofrezca voluntariamente su tiempo para una buena causa. Lea una novela con una taza de té. Vaya a un museo. Siéntase tranquilamente cerca de un arroyo, en un parque o en su propio coche, donde nadie puede ponerse en contacto con usted. Por cierto, coma lentamente.

¡CAMINE TODOS LOS DÍAS!

Camine solo o con un amigo. No hable de los problemas, pero sí de las posibilidades. ¡Caminar 30 minutos por día reduce, el estrés y la tensión y mejora su salud! Cuando usted camine, mire a su alrededor y observe el mundo ante usted. Mire los árboles, flores, la gente y niños, y sí, deténgase y huela las rosas.

¡EJERCÍTESE MÁS!

El ejercicio es la forma número uno para bajar la tensión y reducir el estrés. Tarda hasta 24 horas para que el cuerpo se limpie de las hormonas de estrés, pero con el ejercicio esas hormonas se van en tan sólo 2 horas. Únase a una clase de aeróbicos, vaya al gimnasio, juegue al tenis, ande en la bicicleta, camine los fines de semana, vaya a un gimnasio o trote con amigos. Usted se sentirá mejor.

¡APRENDA DESTREZAS DE RELAJACIÓN PROFUNDA!

Tome una clase de yoga, formación de imágenes, relajación progresiva o Autogenics. Todo esto le enseñará cómo relajar su mente, su cuerpo y sus emociones para enfocar su atención en pensamientos más pacíficos. La meditación es particularmente valiosa. A través de la mediación la mente y el cuerpo poco a poco vuelven al equilibrio o lo que se llama homeostasis. Hay muchos tipos de meditación pero la que a muchas personas les gusta se llama Meditación Primordial. Averigue los recursos locales cerca de usted. ¡Si realmente comienza a aprender cómo meditar, entonces practique sus habilidades de la relajación cada día! El resultado será que usted tendrá menos estrés en su vida.

¡ESCUCHE CINTAS DE RELAJACIÓN!

Las cintas de audio de relajación son una excelente forma de aprender a dejarse ir y relajarse. Para desarrollar la habilidad de relajación profunda lleva tiempo, y dedicación. Pero, el resultado final será menos estrés y el cuerpo se limpia de productos químicos y de las hormonas del estrés perjudiciales.

¡ESCUCHE MUSICA RELAJANTE!

La música es una manera excelente de reducir el estrés. Muchos tipos de música pueden ayudarle a dejarse ir y relajarse. Toda persona tiene una preferencia de música y es diferente. Por lo general desea escuchar música que sea relajante y tranquila. La música clásica, contemporánea y nueva era son particularmente útiles para reducir el estrés.

II: ESCALAS DE EFECTOS DE ESTRÉS

Área II:
Escalas De Efectos De Estrés

El producto final de estrés prolongado es el estrés físico y emocional crónico. Ya que los efectos del estrés son los indicadores principales de qué tan bien domina el estrés, estos son conceptos importantes para entender. Si marca alto en una o en ambas de estas escalas, será importante aprender nuevas formas de bajar sus niveles de estrés de cada día. Tenga en cuenta que estas escalas proporcionan información en la medida en que el estrés puede estar afectándole.

¿Cómo le fue en el CME? Coloque una (X) en el espacio de abajo que corresponda a su puntaje en las siguientes escalas del CME.

	BAJO	MEDIO	ALTO
Efectos de Estrés Físico (EF)	_____	_____	_____
Satisfacción de Vida/Trabajo (VT)	_____	_____	_____

Comentarios/Notas: ¿Cómo le afecta estrés?

II: ESCALAS DE EFECTOS DE ESTRÉS

ESCALA DE EFECTOS FÍSICOS DE ESTRES (EF 1

La Escala de Efectos Físicos (EF) evalúa el posible efecto de estrés intenso o prolongado en el cuerpo. Las investigaciones han demostrado que los individuos con puntuación media a alta en una o más de las Siete Escalas de Señales de Advertencia de Estrés (vea la sección anterior) también tienen una tendencia a tener una puntuación alta en esta escala. La Escala EF es como una brújula que indica cómo el estrés puede tener un efecto perjudicial sobre usted. Para las personas que obtienen una puntuación alta, mire para ver si el estrés está teniendo un impacto sobre su salud actual o condición emocional. Si está en peligro, es importante que vea a un médico o un profesional de salud mental. Busque ayuda si tiene cualquier pregunta o preocupación acerca de su salud, problemas físicos o síntomas que lo preocupan.

Si usted obtuvo una puntuación media a alta en esta escala o si usted siente que está experimentando dolores de cabeza frecuentes, problemas de estómago, o dolores de cuello y de espalda, comience el proceso de desarrollar las habilidades para dominar el estrés sugeridas según la sección anterior llamada las Siete Señales de Advertencia de Estrés.

¡Si su puntuación esta baja en esta escala, usted lo está haciendo muy bien! Sin embargo, si en cualquier momento empieza a ver un aumento en problemas físicos, considere que el estrés puede desempeñar un papel en esos problemas. Talvez usted está experimentando más estresantes de lo usual. (Ver la siguiente sección). Un aumento de factores estresantes, ya sea grandes Eventos de la Vida o Molestias, puede ser un momento para estar en guardia.

SOBRE LA RESPUESTA AL ESTRÉS

¡Así que usted está bajo estrés! ¿Qué sucede con su cuerpo? La respuesta de estrés está bien documentada y médicamente aceptada. Sin embargo, mientras que la neuroquímica de la respuesta de estrés es claramente conocida, lo que no se sabe es cómo las diferentes hormonas se afectan mutuamente e interactúan en distintos órganos y sistemas del cuerpo.

En respuesta a un estrés percibido, la respuesta al estrés se activa y se compromete. Las neuronas en la parte del hipotálamo del cerebro desencadenan una secreción de dos hormonas claves (corticotrophin y arginina-vasopresina) que luego afectan a una respuesta neuroendocrina que produce epinefrina.

La epinefrina crea un, "sistema de advertencia global" que activa la producción de ACTH (hormonas adrenocorticotropicas) de la glándula pituitaria. La ACTH carga la corteza suprarrenal donde el cortisol y otros glucocorticoides luego se vierten en el torrente sanguíneo. Estas hormonas son parte de la respuesta "de vuelo o lucha" que afecta a todos los sistemas del cuerpo, incluyendo cambios: cardiovasculares, respiratorios, gastrointestinales, renales y endocrinos.

La respuesta al estrés, una vez ocupado, puede observarse y en forma indirecta, experimentado por otros. El CME es una manera de ver cómo el estrés está afectando no sólo su fisiología, sino también, su comportamiento diario, pensamientos y actitudes.

II: ESCALAS DE EFECTOS DE ESTRÉS

SATISFACCIÓN VIDA/TRABAJO (VT)

La Escala de VT evalúa la satisfacción emocional con diferentes aspectos de su trabajo y vida personal. Al igual que con la Escala del EF, esta escala ofrece una visión de las consecuencias del estrés sobre sentimientos y emociones y mide el nivel de felicidad con aspectos clave de su vida.

Altos niveles de insatisfacción en un área pueden provocar infelicidad en otras áreas. Una persona que no está satisfecha con su elección de carrera fácilmente puede traer esa insatisfacción en su vida al hogar. Cuando uno no está satisfecho, lo puede mostrar a través de enojo, o posiblemente la depresión. Igualmente, una persona que experimenta la insatisfacción y descontento con su vida familiar puede ver un impacto sobre su calidad o cantidad de trabajo. Además, su relación con los compañeros de trabajo también puede ser afectada negativamente.

¿QUÉ SABER?

La Escala de Satisfacción Vida/Trabajo mide el efecto del estrés sobre la felicidad personal de trabajo. Esta escala lo puede dirigir hacia aquellas áreas donde un cambio personal puede mejorar la calidad de su vida en el trabajo o en casa. ¡Sólo usted puede hacer los cambios! Si obtuvo una puntuación media a alta en esta escala, usted está claramente insatisfecho con una o más áreas de su vida. Esto es una señal de advertencia de estrés. Si ha estado experimentando altos niveles de insatisfacción durante algún tiempo, tome una mirada más cercana a las causas de su insatisfacción. Preste atención especial a la insatisfacción, al agotamiento, y escalas de bajo rendimiento de las Siete Señales de Estrés.

¿QUÉ HACER?

Ya que las escalas de VT y EF son reflejo del estrés, la clave para cambiar esta área es aprender las habilidades y técnicas presentadas en esta guía. Tome tiempo para estudiar las secciones "¿Qué Hacer?" de cada área de las Siete Señales de Estrés para los conocimientos y habilidades que aumentarán su capacidad de dominio de estrés. Y no olvide aprender a reducir la tensión, el estrés y la ansiedad a través de la meditación o relajación profunda.

> *Los Maestros de Estrés hacen algo para superar las veces tristes. Ellos buscan formas de levantarse y ponerse en marcha y no confían en el mundo para ayudarles a sentirse mejor. Son proactivos, no reactivos.*

III: ESCALAS DE FACTORES ESTRESANTESG

Área III:
Escalas de Factores Estresantes

¿Cómo le fue en esta área? Coloque una (X) en el espacio de abajo que corresponda a su puntuación en el CME para los eventos de la vida y escalas de molestias.

Los factores estresantes son eventos tales como terremotos, muerte de un ser querido, problemas económicos o de personas como un jefe enojado, un automovilista grosero, o un cónyuge, amigo o ser querido deprimido. Cuando percibe eventos como estos como una amenaza son llamados factores estresantes. En esencia, permitimos que los factores estresantes nos saquen de equilibrio resultando en angustia. Las escalas de estresores CME evalúan dos diferentes factores estresantes que pueden tener un impacto en cómo se siente y funciona.

Aprender la diferencia entre estos dos conceptos puede hacer una diferencia en cómo usted domina el estrés. Las dos escalas de factor estresantes son:

	BAJO	MEDIO	ALTO
Eventos de la Vida (EV)	_____	_____	_____
Molestias (MO)	_____	_____	_____

Comentarios/Notas: ¿Cuáles son sus principales estresores de la vida, el trabajo y la familia?

III: ESCALAS DE FACTORES ESTRESANTES

Las Escalas de Factores Estresantes miden algunas de las cosas, eventos o pensamientos más comunes que pueden causar una reacción directa o indirecta de estrés dentro de nosotros. Los dos tipos de estresores evaluados por el CME se dividen en los factores estresantes que son inevitables y aquellos que se pueden, hasta cierto punto, cambiar y evitarse. Cuando se percibe un estresante, ya sea real o imaginario, su meta debe ser determinar si el factor estresante puede ser cambiado, detenido o modificado, o si es totalmente inalterable. Cuando los factores estresantes pueden cambiarse, encuentre maneras positivas y constructivas para cambiarlos. Depende de usted dominar cómo responde a factores estresantes, ya sean Eventos de la Vida o Molestias diarias.

Si tu puntuación fue alta o media en una o ambas de estas escalas, lo más probable es que esté experimentando una cantidad de estrés considerable. Si calificó bajo, probablemente no experimenta mucha angustia en este momento. Sin embargo, un acontecimiento en la vida por sí solo puede ser tan importante que puede provocar una cantidad considerable de estrés. Un ejemplo de un factor estresante en la vida que podría tener un efecto determinante es la muerte de un ser querido o una gran pérdida de estabilidad financiera. En estos casos, usted puede tener una puntuación baja en ambas escalas, pero el hecho que son estresantes tan importantes y poderosos podría llevar a niveles altos de estrés. Independientemente de su puntuación, evalúe cada factor estresante para determinar el mejor curso de acción.

EVENTOS DE LA VIDA (EV) 1

La Escala de Eventos de la Vida es un indicador de la cantidad de estrés inevitable que ha experimentado en los últimos 12 meses. Además del número total de factores estresantes diferentes de los eventos de la vida que han experimentado, es importante tener en cuenta que algunos eventos importantes de la vida pueden tener un impacto más fuerte o más duradero en usted que otros factores estresantes.

Cada persona percibe y responde a los principales eventos de la vida en su propia manera única. En general, experimentar una gran cantidad de eventos más importantes de la vida ha demostrado tener correlación con problemas físicos "futuros." Debido a la exclusividad de cada uno de nosotros y de nuestro nivel de capacidad de dominar los factores estresantes, no siempre es posible predecir cómo una persona responderá a estos eventos estresantes. A veces existe una reacción fisiológica inmediata, como contraer el resfriado común, dolores de cabeza, o experimentar problemas de estómago. En otras ocasiones, hay una demora entre el inicio de varios acontecimientos negativos de la vida y el desarrollo de problemas físicos. El grado al que pueden afectar los eventos importantes de la vida está relacionado con nuestra capacidad de dominar el estrés de cada día.

La evidencia es clara de que existe un "riesgo" de problemas físicos que se desarrollan después de haber experimentado una variedad de grandes Eventos de la Vida durante el año anterior. Algunos ejemplos principales de grandes Eventos de la Vida estresantes son...

Muerte de un cónyuge o ser querido
Lesiones personales
Pérdida financiera
Problemas legales

Divorcio o separación
Matrimonio o Jubilación
Cambio de estado de trabajo

Pocos de estos factores estresantes son prevenibles; la mayoría no puede evitarse. Una vez que han ocurrido, no hay manera de cambiarlo o alterarlos. La clave es adaptar y aceptar el reto.

III: ESCALAS DE FACTORES ESTRESANTES

M MOLESTIAS (MO) 2

¿QUÉ SABER?

La Escala de Molestias (MO) evalúa algunos de los tipos comunes de las molestias diarias que las personas experimentan cada día. Mientras hay muchas más molestias que las evaluadas por esta escala, hay algunos de los principales factores estresantes que es probable que experimente. Puede agregar otros tipos de estresores más pertinentes para su trabajo o vida según sea necesario.

Investigaciones han demostrado que las molestias pueden ser más importantes en la producción de una respuesta de estrés fuerte, que en grandes eventos de la vida. Las molestias, a diferencia de los eventos de la vida, son más frecuentes y pueden ser extremadamente irritantes de forma perpetua. Molestias frecuentes y duraderas en nuestras vidas cotidianas pueden afectar definitivamente su salud física y emocional. Las molestias son a menudo pocas, pero son eventos o situaciones altamente irritantes que provocan la insatisfacción, frustración y estrés. Mientras más irritantes perciba que son estas molestias, mayor será el impacto en usted.

¿QUÉ HACER?

Para poder utilizar estas dos escalas eficazmente, identifique las Molestias y Eventos de la Vida que piensa que tiene control sobre ellos y que son todavía potencialmente cambiables. Haga la pregunta: "¿Qué puede hacerse para detener, reducir o cambiar el estresante?" Determine qué factores estresantes son el mayor problema para usted y los que se pueden resolver con éxito. Concéntrese en los problemas que usted u otras personas pueden cambiar fácilmente.

Evite el enojo como una manera de cambiar las molestias diarias. Utilice estrategias apropiadas para el cambio de un factor estresante. Por ejemplo, una manera inapropiada para cambiar a alguien es utilizar palabras hostiles o enojadas o infligir lesiones personales tales como la ocurrencia ahora común de conducta agresiva de los conductores. La conducta agresiva de los conductores es básicamente un intento para utilizar enojo para impedir que alguien siga un patrón de comportamiento que es perturbador. En el peor de los casos, alguien es asesinado o gravemente herido.

¡Cuando un estresante no puede ser cambiado, entonces, la estrategia consiste en alterar su "conversación interior" y el pensamiento y empezar a pensar en cada factor estresante en una manera nueva y mejor! ¡Cuando cambia su pensamiento, cambia cómo se siente! Resuelva los problemas de estrés uno por uno y tome pasos pequeños en lugar de grandes saltos cuando intente realizar cambios personales. ¡Es importante saber que la forma en que administra su estrés personal es un proceso permanente!

En cuanto a muchos de los principales Eventos de la Vida que nos ocurren a todos nosotros, la respuesta común de pena, rabia, resentimiento y tristeza suele ser el primer paso. Usted puede pasar a través de un proceso personal de "búsqueda espiritual" para determinar el significado del acontecimiento que se ha producido. Cuando los cambios de la vida principales realmente ocurren en la vida de alguien, aprender cómo "hacer sentido" de este se convierte en una travesía personal del auto entendimiento. Por último, aprenderá que la aceptación y el fluir con la situación a menudo es el mejor enfoque para tomar. Sin embargo, ya que la lógica no siempre "gana," cuando hay pena profunda y pérdida, ponerse a un nivel de aceptación es un buen primer paso. Nuevamente, busque ayuda profesional cuando la depresión o el miedo son extremos.

Los Stressmasters sabemos que tenemos poco control sobre los acontecimientos de la vida principales que pueden y van a afectarnos. Sin embargo, también sabemos que tenemos cierto control sobre las molestias diarias irritantes y constantes molestias. Continúe enfocándose sólo en lo que se puede cambiar y trabaje diligentemente para crear el cambio cuando el cambio es posible.

CUESTIONARIO DE MANEJO DE ESTRÉS (CME)

CONTRATO PARA CAMBIAR

La Forma de Contrato Para Cambiar es su compromiso personal de hacer un cambio positivo hacia el Dominio del Estrés. Para completar este contrato, revise la sección de las Siete Señales de Advertencia de Estrés y seleccione un área a trabajar. Al finalizar este contrato usted está aceptando que esta zona se encuentra en necesidad de crecimiento y de cambio y que se va a hacer algo al respecto.

Paso 1: Seleccione el área de riesgo a trabajar:

Si tuvo una puntuación ALTA o MEDIA en cualquiera de las Siete Escalas de Señales de Advertencia de Estrés, se recomienda que usted se concentre en el área de mayor preocupación para usted en este momento. Otras áreas pueden ser trabajadas, pero es mejor hacer pequeños cambios en un área crítica que tratar de hacer demasiadas cosas. La clave para el cambio efectivo es obtener algunos resultados iniciales positivos. El Dominio de Estrés es un proceso que dura toda la vida para todos nosotros. Sea paciente. Trabaje duro. Los resultados vendrán.

Paso 2: Identifique lo que cambiará:
Los siguientes son los comportamientos, pensamientos o actitudes que voy a cambiar (sea positivo).

1. _____
2. _____
3. _____

Paso 3: Lo que le detendrá o le impedirá tener éxito:
(Algunos obstáculos son: otras personas, cosas, actitudes, falta de conocimiento, falta de compromiso, etc.)

1. _____
2. _____

Paso 4: Haré lo siguiente para superar estas barreras:

1. _____
2. _____
3. _____

Paso 5: Evaluar su compromiso:
Mi nivel de compromiso a este es: (elijua uno)   **ALTO   MEDIO   BAJO**

Paso 6: Asignación De Tiempo
Me permitiré _____ meses para alcanzar un nivel razonable de éxito.

Paso 7: Compromiso de cambio:
¡ME COMPROMETO a lograr esta meta!

IMPORTANTE:
Copie y comparta este contrato con otra persona tan pronto como sea posible. ¡Póngalo en su refrigerador, en el espejo del baño, o en la pared de la oficina! Deje que otros le ayuden a ser responsable de su cambio. Recuerde, rara vez se logra un objetivo secreto.

RESUMEN

Puntos clave que recordar:

- La vida es un viaje en el cual que usted tiene cierto control... incluso si usted decide no hacer nada para mejorar su vida y reducir el estrés, usted ha hecho esa elección.

- El Dominio del Estrés comienza dentro de su pensamiento, expectativas y percepciones... no tratando de cambiar a las personas y eventos que rodean.

- Determine lo que puede y no puede cambiar. Tome medidas para lograr un cambio cuando este sea posible. Si el factor estresante no puede ser cambiado, cambie su manera de pensar sobre el factor estresante y "déjelo ir."

- ¡Reconozca que sus acciones y palabras pueden ser una fuente de tensión increíble en otros, y hasta en usted mismo! Use el poder de las palabras positivas y una actitud alegre para lograr un cambio en su mundo.

- El miedo y la ansiedad son la raíz de muchos problemas de estrés, de fluir con miedo al rechazo, fracaso o de no estar en control. El miedo es simplemente una función de cómo usted percibe las amenazas del mundo, incluso cuando la amenaza es estar sólo unos minutos tarde. ¡Fluya y "déjelo ir!"

- Mantenga expectativas realistas. Nada pone a una persona en problemas más rápido que esperar algo que no puede o no va a suceder. Si no va a suceder, cambie o baje sus expectativas. Esa es la elección.

- Use los recursos disponibles cuando crea que tiene un problema. Trabaje en la solución de problemas, no jugando el juego de culpa. Buscando la simpatía de sus desgracias no cambiará sus desgracias y sólo dificultará su movimiento hacia el dominio del estrés. Si usted está crónicamente deprimido, busque un médico apropiado para ver si su depresión está influenciada por el estrés, o quizás por algún desequilibrio químico en su cuerpo.

- Evite abusar la utilización de sustancias químicas para controlar sus sentimientos de ansiedad y estrés. El ejercicio, el yoga, la relajación profunda, hacer el amor, dar o recibir un masaje, caminar o escuchar música son mucho mejores en la producción de serenidad y calma que cualquier sustancia química. Además, usted permanece en control de su vida.

RECURSOS

Para asistencia adicional en su camino hacia el dominio del estrés, considere uno o varios de lo siguientes puntos:

(1) Si eses en una crisis, llame...

- 911
- Servicio de información y referencia en su comunidad
- Un amigo, cónyuge, ministro, o un rabino
- Su médico o profesional de salud mental

(2) Si no está en una crisis, pero necesita ayuda rápida póngase en contacto con uno o más de los siguientes:

- Información del Estado o Local de la Asociación Psicológica y Referencia
- Información de Estado o Local De La Asociación de Trabajador Social y Referencia
- Su médico, hospital o clínica
- Un psicólogo, psiquiatra, y consejero de la familia o de matrimonio o un trabajador social
- Un miembro del clero

(3) World Wide Web

www.**STRESSMASTER**.com
www.nimh.gov .... Instituto Nacional de Salud Mental
www.nih.gov .... Instituto Nacional de Salud
www.medscape.com ...... Es posible que necesite crear un inicio I.D.
www.healthcentral.com .. Una buena salud general y temas de salud mental
www.intelihealth.com ..... El boletín informativo de Medico John Hopkins

(4) Recursos

Benson, H. (1975) The Relaxation Response. New York: Avon Books.
Borysenko, J. and Rothstein, L. (1987) Minding the Body, Mending the Mind.
Burns, D. (1989) The Feeling Good Handbook. New York: Avon Books.
Ellis, A. (1988) How to Stubbornly Refuse to Make Yourself Miserable About Anything-Yes, Anything. Secaucus, NJ: Carol Publishing Group.
A Manual for Living. Epictetus, A New Interpretation by Sharon Labell. Harper San Francisco, 1994.
Selye, H. (1956) The Stress of Life. New York: McGraw-Hill Book Co.
Simon, S. B., Howe, L. W. And Kircshenbaum, H. (1972) Values Clarification: A Handbook of Practical Strategies for Teachers and Students. New York: Hart.
Simon, S.B. (1974) Meeting Yourself Halfway: 31 Value Clarification Strategies for Daily Living. Niles, IL: Argus Communications.
Sternback, Ph.D., Richard, A. (1987) Mastering Pain: A Twelve-Step Program for Coping with Chronic Pain.,New York: Ballantine.
Weeks, C. (1990). Peace from Nervous Suffering. New York: New American Library.

(5) Stressmaster

James C. Petersen, Ph.D.
www.Stressmaster.com
480-444-6301

Info@Stressmaster.com

www.ingramcontent.com/pod-product-compliance
Lightning Source LLC
Chambersburg PA
CBHW080555170426
43195CB00016B/2795